职场人必读
劳动纠纷解决实务

曹森 肖琳 编著

中国人民大学出版社
·北京·

图书在版编目（CIP）数据

职场人必读：劳动纠纷解决实务 / 曹森，肖琳编著. -- 北京：中国人民大学出版社，2024.4
ISBN 978-7-300-32508-8

Ⅰ.①职… Ⅱ.①曹… ②肖… Ⅲ.①劳动争议—处理—中国 Ⅳ.① D922.5

中国国家版本馆 CIP 数据核字（2024）第 030716 号

职场人必读：劳动纠纷解决实务
曹森　肖琳　编著
Zhichangren Bidu: Laodong Jiufen Jiejue Shiwu

出版发行	中国人民大学出版社		
社　　址	北京中关村大街31号	邮政编码	100080
电　　话	010-62511242（总编室）	010-62511770（质管部）	
	010-82501766（邮购部）	010-62514148（门市部）	
	010-62515195（发行公司）	010-62515275（盗版举报）	
网　　址	http://www.crup.com.cn		
经　　销	新华书店		
印　　刷	中煤（北京）印务有限公司		
开　　本	890 mm × 1240 mm　1/32	版　　次	2024年4月第1版
印　　张	8.75　插页1	印　　次	2024年4月第1次印刷
字　　数	206 000	定　　价	69.00元

版权所有　　侵权必究　　印装差错　　负责调换

目录
Contents

第一章　入职避坑 …………………………………………… 1

1. 劳动者伪造学历和工作经历，被辞退还得返还工资？ …………………… 3
2. 劳动者遭遇就业歧视如何维权？ ………………………………………… 5
3. 劳动者隐瞒婚育情况是否属于欺诈？ …………………………………… 7
4. 劳动者入职时隐瞒与原用人单位存在的劳动争议，现用人单位是否可以辞退？ ………………………………………………………………… 8
5. 换工作时如何选择一家靠谱的用人单位？ ……………………………… 10
6. 发出或接受 Offer 后反悔是否需要赔偿？ ……………………………… 11
7. 办理完入职手续，Offer 是不是就没用了？ …………………………… 13
8. 劳动合同和 Offer 上的内容不一致怎么办？ …………………………… 15
9. 劳动者入职后用人单位迟迟不签书面劳动合同怎么办？ ……………… 17
10. 劳动者为什么不能签空白劳动合同？ …………………………………… 19
11. 签完劳动合同，用人单位不给合同原件怎么办？ ……………………… 21

第二章　试用期套路 ………………………………………… 23

1. 遭遇"试用期合同"骗局，劳动者该怎么办？ ………………………… 25
2. 超期试用，劳动者可以要求赔偿吗？ …………………………………… 27
3. 能随便辞退试用期内的劳动者吗？ ……………………………………… 29
4. 如何理解"不符合录用条件"？ ………………………………………… 31

1

第三章　薪酬福利 ··· 35

1. 用人单位拆分工资，合法吗？ ································ 37
2. 以票据报销方式发工资是"馅饼"还是"陷阱"？ ············ 39
3. 为什么发到手的工资数额好像不对？ ·························· 42
4. 加班工资怎么计算？ ·· 44
5. 绩效工资是浮动工资，用人单位就可以随意调低吗？ ········ 48
6. 用人单位业绩不佳，能否不发放绩效工资？ ·················· 50
7. 不回款不给销售提成，劳动者离职时怎么要提成工资？ ····· 51
8. 用人单位法务说佣金不算工资，正确吗？ ····················· 54
9. 用人单位不发年终奖，劳动者离职后还能要吗？ ············· 56
10. 关于社保补缴的"时效"，别再被忽悠了！ ··················· 58

第四章　休息与休假 ··· 61

1. 关于法定带薪年休假，劳动者必须要知道的知识！ ·········· 63
2. 请病假的应注意事项！ ·· 67
3. 劳动者如何主张病假工资与医疗补助费？ ····················· 68

第五章　调岗、降薪与待岗 ································ 73

1. 调岗调薪，不得损害劳动者的合法权益！ ····················· 75
2. 跨单位"调岗"，还是"调岗"吗？ ··························· 77
3. 劳动者如何应对口头调岗、口头降薪？ ························ 79
4. 用人单位可以随意安排竞聘的落选者吗？ ····················· 80
5. 对于正常的岗位调整，劳动者可以不同意吗？ ················ 83
6. 对于恶意调岗，劳动者是否可以说"不"？ ···················· 85
7. 工作地点被调整，劳动者不想去怎么办？ ····················· 87
8. 遭遇违法待岗，劳动者该如何应对？ ·························· 89

第六章　不能胜任工作 ········· 91

1. 当"不能胜任工作"成为解雇理由，劳动者如何维权? ······ 93
2. 面对不合理的绩效考核，劳动者如何维权? ············· 95
3. 劳动者如何应对"绩效改进计划"背后的套路? ·········· 97
4. 劳动者如何合理应对用人单位提出的不合理 PIP 要求? ···· 99
5. "绩效改进计划"是否等同于"培训"? ················· 101
6. 劳动者如何应对"末位淘汰"? ······················· 104
7. 劳动者遇到"业绩军令状"如何维权? ················· 106

第七章　客观情况发生重大变化与经济性裁员 ········· 109

1. 用人单位以"客观情况发生重大变化"为由辞退劳动者是否合法? ··································· 111
2. 因用人单位业务外包解除劳动合同，劳动者能否获得赔偿? ···· 114
3. 受政策影响的整体搬迁，是否属于客观情况发生重大变化? ···· 115
4. 用人单位以生产经营存在严重困难为由进行经济性裁员是否合法? ··································· 117
5. 劳动者遭遇经济性裁员，如何维权? ··················· 120
6. 遇到经济性裁员，哪些劳动者可以优先留用? ··········· 123

第八章　严重违纪与严重失职 ········· 127

1. 劳动者被以严重违反规章制度为由辞退，如何获得赔偿? ···· 129
2. 劳动者不签字，用人单位的规章制度就对他无效吗? ····· 133
3. 劳动者旷工，用人单位能解除劳动合同吗? ············· 134
4. 劳动者未参加年中述职，用人单位能否以不服从工作安排为由辞退? ··································· 136
5. 劳动者拒签文件，用人单位予以解雇，是否合法? ······· 140
6. 劳动者因工作疏漏给用人单位造成损失被辞退，还得赔偿用人单位? ··································· 142

7. 检讨书中的自认能推翻吗? ……………………………………… 144
8. 贪小便宜吃大亏,滥用用人单位福利待遇被辞退! ………… 146
9. 制度中没规定,是否就不能辞退? …………………………… 147
10. 孕期女员工也可以被辞退? ………………………………… 150

第九章　主动离职与被迫离职 …………………… 155

1. 劳动者解除劳动合同,必须经用人单位同意吗? …………… 157
2. 劳动者被迫离职怎么办? ……………………………………… 158
3. 劳动者被违法待岗,可以被迫解除劳动合同并要求支付
补偿金吗? ……………………………………………………… 160

第十章　协商解除与离职谈判 …………………… 163

1. 面对裁员的离职谈判,要明白三件事! ……………………… 165
2. 如何正确处理离职谈判中的法律风险? ……………………… 167
3. 用人单位提出协商解除劳动合同时,劳动者如何规避四大陷阱? .. 168
4. 协商解除劳动合同后,劳动者可以反悔吗? ………………… 170

第十一章　非正常离职:逼迫与套路 …………… 173

1. 被用人单位逼迫离职:常见套路与应对策略。 ……………… 175
2. 用人单位强迫劳动者交接工作,变相逼迫离职,劳动者
怎么办? ………………………………………………………… 177
3. 遭遇口头辞退,劳动者应该怎么做? ………………………… 178
4. 用人单位"翻旧账",劳动者该如何应对? ………………… 179
5. 免职不等于解除劳动合同! …………………………………… 181
6. 劳动者在解除劳动合同通知书上签字,可能会有哪些"坑"? …… 182
7. 用人单位可以依据劳动合同的约定解除条款辞退劳动者吗? ……… 183

目　录

第十二章　继续履行劳动合同 ····················· 187

 1. 要赔偿金，还是要求继续履行劳动合同？ ···················· 189
 2. 继续履行劳动合同，劳动者能否主张工资损失？ ············ 191
 3. 用人单位以试用期内不合格为由违法辞退，劳动者能否要求继续
   履行劳动合同？ ·· 194

第十三章　保密义务与竞业限制 ····················· 197

 1. 劳动者违反保密义务须赔偿！ ······························· 199
 2. 竞业限制协议未约定竞业限制补偿金，协议仍有效！ ········ 201
 3. 劳动者不遵守竞业限制协议，这钱赔得不冤！ ············· 204
 4. 用人单位在合同中约定竞业限制补偿金已在工资中支付？
   行不通！ ··· 207
 5. 用人单位不支付竞业限制补偿金，劳动者可以解除竞业
   限制义务！ ·· 210

第十四章　离职证明及离职交接 ····················· 213

 1. 离职证明中有恶意主观评价，应重开证明并赔偿损失！ ······ 215
 2. 用人单位拖延出具离职证明，给劳动者造成损失，该不该赔？ ······ 218

第十五章　解决劳动争议的实操流程 ················· 221

 1. 劳动争议的仲裁流程。 ····································· 223
 2. 劳动争议的起诉与审理流程。 ······························ 230
 3. 用人单位缺席仲裁庭审，对劳动者真的有利吗？ ············ 233
 4. 打完官司之后用人单位没钱了，劳动者怎么办？ ············ 234
 5. 劳动者应在离职前还是离职后提起劳动仲裁？ ·············· 237
 6. 庭审时劳动者如何质证？ ··································· 239

7. 撰写仲裁申请书的常见问题有哪些? ………………………… 240
8. 仲裁审理中的十个必问问题及应对策略! …………………… 241
9. 如何在庭审中回答问题? ………………………………………… 243
10. 庭审中应避免的三个常见误区。 ……………………………… 245
11. 如何在庭审中有效地进行最后陈述? ………………………… 246
12. 开庭时对方胡言乱语,劳动者如何应对? …………………… 248
13. 如何利用"一裁终局"规则高效追讨欠薪? ………………… 249

第十六章　证据为王 ……………………………………… 253

1. 如何用证据为自己"说话"? ………………………………… 255
2. 有的证据为什么不被采信? …………………………………… 259
3. 如何有效收集和提交录音证据? ……………………………… 262
4. 如何看待"证人证言"? ……………………………………… 266
5. 如何组织和筛选证据? ………………………………………… 269

第一章　入职避坑

　　职场的故事从发出简历那一刻就已经开始，某些纠纷的种子已经埋下。了解一些前车之鉴，可以避免在入职的时候"掉坑里"；若不慎"掉"进去了，也要知道怎么"爬"出来。

1. 劳动者伪造学历和工作经历，被辞退还得返还工资？

> **案例**　A文化公司通过社招高薪聘请老曹担任公司创意中心总监。2019年3月18日老曹入职，劳动合同规定试用期为6个月，试用期工资为税后72 800元，转正后月薪为91 000元。2019年9月12日，老曹被A文化公司辞退，原因是A文化公司质疑老曹虚构了其教育背景和工作经历，认为他不应该获得如此高的薪酬，进而主张与老曹的劳动合同无效，并要求老曹返还公司多付的工资。
>
> A文化公司提出的主要理由包括：（1）对老曹简历中载明的国外学历和相关认证，尽管公司多次要求，老曹始终未提供相关证明材料。（2）公司对老曹的工作经历进行了背景调查，发现老曹简历上写的两家公司并不存在，这两家公司提供的离职证明则来自老曹控制的皮包公司。基于上述原因，A文化公司认为老曹的高薪是基于欺诈所得。
>
> 老曹认为自己虽然虚构了学历和工作经历，但公司不应辞退自己，也不应要求自己返还工资：（1）他在相关领域具有10年工作经验；进入A公司时经过多轮面试，完全能胜任该岗位。虽然他伪造了学历，但他的工作能力有目共睹，也没有给公司造成实际损失。（2）公司有责任核实员工的背景信息，但并未核实，因此应当承担不利后果。（3）如果公司认为自己学历造假，应及时提出，而不能在后续随意辞退。

案例评析：

《劳动合同法》第8条规定了用人单位的告知义务和劳动者的说明义务："用人单位招用劳动者时，应当如实告知劳动者工作内容、工作条件、工作地点、职业危害、安全生产状况、劳动报酬，以及

3

劳动者要求了解的其他情况；用人单位也有权了解劳动者与劳动合同直接相关的基本情况，劳动者应当如实说明。"如隐瞒或虚构的信息足以构成欺诈，并且导致对方基于错误的信息而缔结合同或者提供高薪或高级职位，则会产生合同无效的法律后果。老曹实际付出了劳动，有获得一定报酬的权利，劳动报酬应参照本单位相同或相近岗位劳动者的报酬确定，但应对超出岗位正常工资水平的报酬予以返还。

常见套路或误区：

虚假学历和工作经历在职场上并不少见，大多是应聘者在应聘时心存侥幸，或者认为仅虚构某段工作履历或者项目经验不会产生严重后果。用人单位有时会轻信内部推荐，或者不对学历证明、工作经历进行认真核实，仅拨打应聘者提供的电话进行询问就认为已经做了背景调查。

应对建议：

在缔结劳动关系的过程中，诚信是一项很重要的原则，要坚持诚信原则，不要为了求职而提供虚假个人信息。核实学历和工作经历并不复杂，虚假信息较容易被发现。

用人单位应加强劳动者入职前的背景调查，对相关信息进行认真核实，特别是对于应聘关键岗位的人员，需要多方进行调查核实或委托专业机构进行背景调查。一旦发现问题，用人单位应保留证据，及时沟通，尽早妥善处理。尽管用人单位是否及时核实劳动者所提供信息的真实性对于欺诈的认定没有必然影响，但时间过久可能会导致证据难以收集。

2. 劳动者遭遇就业歧视如何维权？

> **案例**
> A酒店管理公司通过招聘平台公开向社会招聘董事长助理，老曹认为自己非常适合这个岗位，于是投递了简历，简历中填写的户籍地为河南。A酒店管理公司人力资源部查看老曹的简历后，给出不适合岗位的反馈，且明确写明"不适合原因：河南人"。老曹认为自己在求职过程中遭受了地域歧视，于是对证据进行了公证保全，随后向法院提起了诉讼，要求A酒店管理公司赔礼道歉、支付精神抚慰金及合理维权费用。法院经审理判决A酒店管理公司向老曹赔偿精神抚慰金及合理维权费用共计1万元，并在报纸上公开赔礼道歉。

案例评析：

法律倡导平等就业，禁止就业歧视。《就业促进法》第3条规定，"劳动者依法享有平等就业和自主择业的权利，劳动者就业，不因民族、种族、性别、宗教信仰等不同而受歧视。"这里的"等"字很重要，说明该条是一个不完全的列举。在招聘时对婚姻情况、生育情况、户籍、年龄等与完成岗位工作没有必然联系的因素进行限制，均可能构成就业歧视。本案中A酒店管理公司没有证据证明劳动者户籍地与是否胜任董事长助理这一岗位之间存在必然的联系或者进行户籍地限制具有其他合法目的，因此构成就业歧视。A酒店管理公司损害了老曹的平等就业权，需要承担公开赔礼道歉、赔偿精神抚慰金、支付合理维权费用的民事责任。

常见套路或误区：

不少人对职场中的就业歧视已经司空见惯，招聘平台上常见的

"男性优先""限男性""35周岁以下"等性别歧视和年龄歧视信息被不加遮掩地发布。不少人即便被歧视也无可奈何。用人单位在发布招聘信息时可能会觉得大多数单位都这么写，不是什么大事。

应对建议：

在求职过程中，如果认为遭受了就业歧视，在有证据的情况下，是可以通过法律途径要个说法的。首先需要判断是否存在就业歧视，判断标准是某特殊招聘条件是不是基于工作岗位的内在要求。对求职者进行无正当理由的差别对待，容易构成就业歧视。《就业促进法》第27条明确规定，用人单位招用人员，除国家规定的不适合妇女的工种或者岗位外，不得以性别为由拒绝录用妇女或者提高对妇女的录用标准。用人单位录用女职工，不得在劳动合同中规定限制女职工结婚、生育的内容。人力资源和社会保障部、教育部等九部门2019年2月18日发布的《关于进一步规范招聘行为促进妇女就业的通知》第2条规定："各类用人单位、人力资源服务机构在拟订招聘计划、发布招聘信息、招用人员过程中，不得限定性别（国家规定的女职工禁忌劳动范围等情况除外）或性别优先，不得以性别为由限制妇女求职就业、拒绝录用妇女，不得询问妇女婚育情况，不得将妊娠测试作为入职体检项目，不得将限制生育作为录用条件，不得差别化地提高对妇女的录用标准。"该通知还规定，对于发布含有性别歧视内容的招聘信息的行为，行政主管部门可以依法责令改正，拒不改正的，处1万元以上5万元以下的罚款。

3. 劳动者隐瞒婚育情况是否属于欺诈？

> **小案例**
>
> 老曹在求职过程中疑似遭遇了就业歧视。在面试过程中，许多用人单位询问她是否已婚或已育。为了增加被录用的机会，老曹告诉其中一家用人单位，她虽然之前结过婚但已经离异，孩子归前夫抚养。这样，她成功入职了该公司。入职后，公司了解到她并没有离婚，且有生二孩打算。公司认为老曹在入职时存在欺诈，于是通知老曹要求解除劳动合同，并表示不会支付任何经济补偿。

案例评析：

老曹的遭遇反映了当前某些用人单位的招聘倾向：倾向于招录短期内没有生育意愿的女性，以避免产假的相关费用，也有些用人单位认为抚育年幼的子女会影响女性的工作表现。但从法律角度来看，求职者的婚育情况属于个人隐私，不是与工作直接相关的基本情况。这意味着，用人单位在招聘时不能因为婚育情况而歧视女性求职者，女性求职者也没有义务向用人单位透露其婚育情况。

常见套路或误区：

有的用人单位在面试时关注求职者的婚育情况，有时会千方百计获知真相，认为求职者隐瞒婚育情况就等同于欺诈入职。求职者因担心被歧视，可能会提供不真实的婚育信息。

应对建议：

尽管法律规定求职者有如实说明的义务，在面试时应诚实，但求职者无须提供与工作不相关的个人信息。求职者应了解自己的权利，知道婚育情况不应成为用人单位解除劳动合同的理由，但入职时隐瞒怀孕情况的除外。如果用人单位违法解除劳动合同，劳动者有权要求用人单位支付赔偿金。如果求职者感受到用人单位在招聘中的性别或婚育歧视，可以考虑向行政主管部门投诉。

4. 劳动者入职时隐瞒与原用人单位存在的劳动争议，现用人单位是否可以辞退？

> **案例**
>
> 　　老曹到 A 传媒公司应聘调研员，面试时，HR 询问老曹与其他单位是否有过劳动争议，老曹回答说没有。之后老曹顺利通过面试被该公司录用，月薪为 15 000 元，签订了为期 3 年的劳动合同，并约定试用期为 3 个月。入职当日老曹填写了《入职登记表》，并在"是否与其他单位有过劳动争议"一栏中填写了"否"。入职后，由于老曹年龄偏大，不适应电子化办公，工作效率不高。在勉强过了试用期后，老曹的表现仍不能让公司领导满意，公司拟将其辞退。HR 遂重新对老曹进行背景调查，在与老曹的上一家单位 B 能源公司 HR 进行电话沟通时了解到，老曹在入职 B 能源公司 3 个月后因不能胜任工作而被辞退，老曹遂提起仲裁要求恢复劳动关系，B 能源公司因证据不足败诉，仲裁委员会裁决应恢复劳动关系。此时恰好为期 1 年的合同即将到期，B 能源公司选择直接支付补偿金终止劳动合同。A 传媒公司经研究决定以老曹入职时存在欺诈为由将老曹辞退。老曹对此提起劳动仲裁，案件经仲裁及法院一审、二审，最终认定 A 传媒公司系违法解除劳动合同，法院认为是否与其他单位曾发生劳动争议并不影响 A 传媒公司对老曹的录用，与其是否胜任该岗位工作无关。

案例评析：

尽管劳动者入职时有如实告知义务，但未如实告知并不必然导致劳动合同无效，用人单位也并不一定就能够以此为由合法辞退劳动者。法院会结合用人单位的招聘条件、岗位性质、劳动者是否存在欺诈等因素，综合判断劳动者的行为是否影响双方建立劳动关系、正常履行劳动合同，并由此判定用人单位解除劳动合同是否合法。只有未如实说明的信息是"与劳动合同直接相关的基本情况"，比如学历、就业状况、工作经历、职业技能等，且未如实说明导致用人单位错误地作出了订立合同的意思表示，方构成欺诈。这里可以综合考虑必要性和关联性两个判断标准。对于超出必要范围的信息，劳动者不负如实说明义务，用人单位要求劳动者说明的信息应与工作具有直接关系，并且该信息可能影响用人单位与劳动者建立劳动关系。

常见套路或误区：

部分劳动者可能对于是否应当告知用人单位某些信息（比如受过刑事处罚，与曾就职单位发生过劳动争议，在竞业禁止期限内等）没有准确的判断。用人单位在劳动合同履行过程中发现劳动者在入职时隐瞒上述情况，一概认为属于欺诈，认为单位此时有权解除劳动合同。

应对建议：

劳动者入职时应如实告知相关信息。如果用人单位查明劳动者隐瞒了关键信息，很有可能会以此为由解除与劳动者的劳动合同。当然，如劳动者隐瞒的信息与其应聘的岗位并不存在关联，对其本职工作没有影响，则用人单位不能以此为由贸然解除劳动合同。需要提醒的是，离职后应聘同行业用人单位岗位的，如仍在上家单位的竞业禁止期内，则应当如实告知，否则，入职后可能引发纠纷。

5. 换工作时如何选择一家靠谱的用人单位？

> **案例**
>
> 老曹是一位年轻的专业人士，最近他接到一家金融创业公司的面试通知，但老曹有些犹豫，无法确定入职这家公司是否有利于自己的职业发展。在准备面试时，老曹在网络上对这家公司的情况进行了一些检索，并没有发现负面的新闻；面试时，看到这家公司的办公环境还可以，老板也承诺了高薪，于是老曹就辞去原来的工作，入职了这家金融创业公司。入职刚刚一个月，某天老曹早上到公司后，发现公司门口贴着法院的执行通知书，这才知道公司因拖欠房租和装修款被法院强制执行，公司账户也被法院查封，老板失联。老曹虽然马上去劳动人事争议仲裁委员会就未发的工资申请了仲裁，但可以预见，即使仲裁委员会作出裁决，公司也没有资产可供执行。

案例评析：

对于求职者来说，了解未来雇主极为重要。老曹虽在网络上进行了简单的检索但仍然没能避免"踩坑"。尽管他在发现公司被强制执行后第一时间就公司未支付的工资申请劳动仲裁，但仲裁裁决可能难以执行，更糟糕的是老曹不得不重新找工作。

常见套路或误区：

劳动者如果仅仅凭借办公环境或者口头承诺来判断用人单位的真实状况，就很容易出现失误；仅仅在网络上做泛泛的检索，获得的信息可能并不完整。现实中不乏因为对用人单位的业务不了解而被牵连入狱的案例，比如有些劳动者被法院认定其行为构成非法吸收公众存款罪或帮助信息网络犯罪活动罪等。

应对建议：

在决定加入一个用人单位之前，进行背景调查是非常重要的，这不仅可以帮助劳动者更好地了解未来的雇主，也可以避免可能的职业风险。劳动者可通过一些基本的检索方法，了解用人单位的业务是否合法、用人单位是否涉诉、是否遵守劳动法、是否有税务违规记录，以及用人单位整体信用状况。推荐以下背景调查途径：

（1）利用国家企业信用信息公示系统查看用人单位的基本信息和是否有其他不良记录，也可以了解到用人单位的注册资本、股权构成、对外投资、企业年报等情况。

（2）利用中国裁判文书网进行查询，以用人单位名称为关键词检索可以看用人单位是否有诉讼案件，是否有劳动争议案件。

（3）利用中国执行信息公开网查询用人单位是否因涉诉案件正在被执行、是否有失信被执行记录。

（4）访问用人单位网站、自媒体账号，了解用人单位业务是否合法。

（5）利用企查查、启信宝、天眼查等企业信息网站进行查询。

6. 发出或接受 Offer 后反悔是否需要赔偿？

> 老曹最近收到了 A 科技公司的 Offer（录用通知书）。这份 Offer 列明了老曹的职位、入职时间、需要提交的文件、薪资待遇和试用期等信息，并要求他在指定时间内给予答复。老曹在指定时间内回复邮件表示接受。但随后老曹又收到了 B 地产公司的 Offer，后者提供的薪资待遇更加优厚。老曹经过考虑，决定选择 B 地产公司，于是回复邮件表示接受该工作并会按时入职。在 A

> 科技公司的入职时间到来时,老曹并未去办理入职手续,A公司人事专员来电询问,老曹表示已经打算入职其他公司了。A公司人事专员听闻后很气愤,说老曹的行为属于违约,并称公司保留追究老曹法律责任的权利。一周后,老曹在准备入职B地产公司时,接到B公司人事专员电话,说招聘岗位取消。老曹认为B公司的行为导致自己丧失了到其他公司就职的机会,拟通过法律途径向B公司要求赔偿一个月工资。

案例评析:

Offer即录用通知书、聘用意向书,用人单位在拟录取候选人时,通常会向候选人发一份正式的Offer,内容一般包括拟录取岗位、薪资待遇、入职时间、入职须知等。Offer并不是一个简单的意向,其在法律上属于"要约",劳动者一旦作出接受的意思表示即"承诺",Offer就对双方均具有法律约束力,表明双方均有建立劳动关系的意向,将同意签署正式的劳动合同,劳动者可基于这一信赖做出某些行为,比如向上一家公司辞职。此时,某方反悔,就可能需要承担法律责任。

常见套路或误区:

劳动者通常认为接受了Offer但不去入职不会产生法律责任,甚至为了等待更好的工作机会,要求推迟入职时间。用人单位也存在发出Offer后取消招聘计划或者遇到更合适候选人的情况,此时取消录用,引发争议甚至最终承担赔偿责任的风险很大,须妥善解决。

应对建议:

对于劳动者:劳动者接受Offer后反悔,用人单位起诉要求赔偿损失的案例较少,也就是说用人单位往往出于不希望涉诉或损失难以证明等原因不向劳动者追偿,但这并不是说没有此类诉讼,特别是 Offer 中约定有违约责任的情况下,劳动者接受后又反悔的,用人单位可以主张赔偿。虽然有的 Offer 没有约定违约责任,但用人单位因招用该劳动者支付了特定费用的,比如猎头的佣金等,也可能向违约的劳动者主张赔偿。劳动者接受有违约条款的 Offer 又反悔的,应及时与用人单位沟通协商,以避免产生诉讼纠纷。

对于用人单位:如确实存在自身架构或岗位的调整导致招聘计划取消的情况,应及时通知劳动者并妥善解释沟通。如已经给劳动者造成损失,建议给予适当补偿,以避免诉讼或仲裁。如是劳动者背景调查不合格导致无法录用,也应及时通知对方并保留好相关证据。为避免上述情况,建议用人单位在做完背景调查后再发 Offer。

7. 办理完入职手续,Offer 是不是就没用了?

> **案例**
>
> 老曹面试 A 影视公司时双方谈好的薪酬是年薪 35 万元,A 影视公司发来的 Offer 上写的是"薪酬总包 35 万元/年(基础工资 17 000 元/月+浮动工资 12 000 元/月),浮动工资部分根据公司绩效管理制度或相关方案进行考评、计算和发放"。入职时双方签订的劳动合同中并没有对劳动报酬进行明确约定,而是约定"双方同意,乙方的劳动报酬以聘用意向书为准"。老曹在该公司工作 1 个月后,发现公司仅发放 17 000 元的基础工资,询问时,人力资源部负责人说浮动部分需要在季度考核后发放,又过了 3 个月,公司仍是每月仅发放基础工资,老曹再次询问人力资源部门,人力资源部门负责人说公司考核制度修改了,浮动工资要年底统一考核后作为年终奖发放。老曹认为公司的做法与入职时谈好的

> 不一样，在协商无果的情况下，不得不提起劳动仲裁，要求补发拖欠的工资。案件在审理时，公司既拿不出考核制度，也拿不出对老曹进行考核的证据，仲裁委员会裁定公司应向老曹补发每月12 000元的工资差额。

案例评析：

录用通知书中常包含岗位、工资标准、年终奖等重要内容。很多用人单位为了增加自身对于薪酬调整的灵活性，在劳动合同条款中并不明确约定工资标准，仅笼统地写按薪酬制度发放或以录用通知书为准，这种情况下，录用通知书就成为证明劳动者薪酬标准的重要证据。

常见套路或误区：

有些用人单位在面试谈待遇的时候说的待遇比较优厚，比如年薪是多少，但并不会明确月薪标准和薪酬构成，不说明薪酬是固定的还是浮动的、是否包含了奖金。有的劳动者在面试时不好意思详细谈薪酬待遇，就很容易"踩坑"。在入职前有必要详细了解用人单位可以给出的薪酬和福利待遇，这往往是劳动者是否选择这家用人单位的关键因素。有些用人单位负责招聘的HR和负责劳动关系管理的HR是不同的人，负责招聘的HR在谈劳动者待遇的时候可能会故意模糊细节或夸大，有时发出的录用通知书中有关薪酬的内容和劳动合同、公司薪酬制度的规定并不一致，从而容易引发争议。

应对建议：

录用通知书在劳动争议中常被作为证据使用，比如用于认定劳动关系建立的时间、岗位、薪酬福利等。通过电子邮件收取的录用通知书，一般是用个人邮箱接收，劳动者留意保存即可。如是通过招聘平台发出的录用通知书,则建议采取电子证据保全手段进行保存;如是纸质通知书则需要加盖用人单位印章方可作为证据。

8. 劳动合同和 Offer 上的内容不一致怎么办?

案例

老曹收到了一家公司的 Offer,其中明确写明月工资为 15 000 元,享受十三薪。然而,后续的正式劳动合同载明基本工资仅为 5 000 元,也没有关于十三薪的相关条款。老曹通过微信向公司人力资源部负责人提出异议,后者回复称所有员工的合同都是这么签的,只载明基本工资是为了避税,实际还是会按之前谈好的发放。老曹经过考虑最终还是在劳动合同上签了字。年末公司并未向老曹发放年终奖或十三薪,平时每月也仅发放 5 000 元的基本工资,另外的 10 000 元则是作为每月的绩效工资,视工作完成情况而定。由于原人力资源部负责人已经离职,老曹询问新的负责人时,他回复说,录用通知书在劳动合同签订后已经被劳动合同替代,劳动合同中并没有年终奖和十三薪的相关条款,公司也没有发放年终奖和十三薪的规定,故公司没有义务向老曹支付年终奖或十三薪。

案例评析:

从时间上看,录用通知书先于劳动合同,正式签订的劳动合同一般应当与录用通知书中确定的薪酬、岗位、工作地点等保持一致,但实践中不乏劳动合同与录用通知书内容不一致的情况。(1)对同一事项,录用通知书与劳动合同都进行了约定,但约定不一致,除非有相反的证据,应视为双方一致同意后进行了变更,以签署的劳动合同为准。本案中,劳动合同中约定的工资标准为 5 000 元,且公司自老曹入职即按 5 000 元基本工资 +10 000 元绩效(浮动工资)发放薪酬，老曹每月 15 000 元的收入很难被裁判机构认定为固定工资。（2）若录用通知书中列明的事项在劳动合同中没有约定，录用通知书中的约定可以作为劳动合同的补充，比如本案中，录用通知书中写明有十三薪，尽管劳动合同中没有约定，老曹仍可以要求公司支付。（3）录用通知书上有相关预设条款，如"如录用通知书与劳动合同不一致，视为双方一致同意后变更，实际薪酬以劳动合同约定为准""双方权利义务以正式签署的劳动合同为准"，则按该类条款确认双方的权利义务。

常见套路或误区：

用人单位通常会在 Offer 中列出较高的待遇和较多的福利，以吸引潜在劳动者，但在随后正式签订的劳动合同中，这些待遇和福利并未被明确，这往往会引起争议。许多劳动者相信 HR 的口头承诺，而未在劳动合同中明确薪酬细节。有些不规范的用人单位会在劳动合同的薪酬条款中约定较低的基本工资，以便在计算加班费、经济补偿时使用较低的标准。有人认为，由于劳动合同的效力高于 Offer，如果劳动合同中没有提及某项待遇或福利，那么劳动者就无法主张相关权益。另有人认为，只要 Offer 生效，且没有明确的有效期或其他限制性条款，那么它的内容就会继续有效。这些理解并不准确。

应对建议：

劳动者在接受 Offer 之前，可以先向用人单位了解 Offer 中的薪酬和福利待遇是否会在正式劳动合同中得到确认，还要关注 Offer 中是否有明确的有效期或者其他限制条款。

在签订正式劳动合同时，劳动者要仔细阅读合同条款，注意已经谈好的薪酬和福利待遇是否已落实到合同中；如合同中没有落实，劳动者需要确认用人单位的规章制度中是否有关于薪酬和福利待遇的规定。如有不明白或不确定的地方，要及时与人力资源部门沟通并保留沟通记录。

9. 劳动者入职后用人单位迟迟不签书面劳动合同怎么办？

> **案例**
>
> 老曹2022年9月1日入职北京A创业公司，工作岗位是产品销售，底薪为每月5 000元，公司承诺有销售提成。A公司还处在起步阶段，仅有三名员工，各项管理很不规范。老曹入职后，公司一直没有找老曹签劳动合同，老曹主动找到公司老板，老板说公司没有专人负责这件事情，等他抽时间找个合同模板再和老曹签合同。一直到2023年9月底，公司都没和老曹签订劳动合同。某天，老板却在微信上通知老曹说公司经营状况不好，明天不用来上班了。老曹就公司违法解除劳动合同的赔偿金及未签书面劳动合同应支付的二倍工资差额申请劳动仲裁。

案例评析：

签订书面劳动合同的意义在于稳定劳动关系、明确双方的权利义务。《劳动合同法》第10条规定，建立劳动关系，应当订立书面劳动合同。已建立劳动关系，未同时订立书面劳动合同的，应当自用工之日起一个月内订立书面劳动合同。《劳动合同法》对违反该规定的用人单位设置了惩罚性条款，该法第82条规定，用人单位自用工之日起超过一个月不满一年未与劳动者订立书面劳动合同的，应当向劳动者每月支付二倍的工资。这里的"二倍工资"，其中已经包含了属于劳动者正常工作时间的劳动报酬，该部分通常已经发放，增加的一倍属于惩罚性赔偿。因未签订书面劳动合同发生争议的，主张的是未签订书面劳动合同公司应支付的二倍工资差额。本案中，自 2022 年 10 月 1 日起至 2023 年 8 月 31 日，A 创业公司共应向老曹支付 11 个月工资的二倍工资差额。《劳动合同法》第 14 条第 3 款规定，自用工之日满一年不与劳动者订立书面劳动合同，视为用人单位与劳动者已订立无固定期限劳动合同。在本案中，2023 年 9 月 1 日之后，老曹和 A 创业公司之间视为已经建立无固定期限劳动合同关系。

常见套路或误区：

用人单位不能因为规模小、人数少就忽视书面劳动合同的签订，也不能因为劳动者是单位领导的亲朋好友，就认为不需要签订书面劳动合同。有的劳动者认为签不签书面劳动合同无所谓，甚至认为签订书面合同会限制自己离职。这种想法是不正确的。劳动合同是证明存在劳动关系、确定双方权利义务最直接的证据，如果没有书面的劳动合同，发生争议时，劳动者需要提供大量证据证明存在劳动关系，往往还需要证明工作年限、工资标准等。没有书面的劳动合同，如遇到申请工伤认定、补缴社保、补缴公积金等情况，则需要先提起劳动仲裁来确认劳动关系。

劳动者还须关注二倍工资差额的仲裁时效问题。有劳动者认为"二倍工资差额"属于劳动报酬，可以在离职后一年内提出。这种想法是错误的。

应对建议：

对于劳动者：一旦与用人单位建立劳动关系，应尽快签订书面劳动合同，主动沟通并保留沟通的证据。同时，为防止在用人单位拖延签订书面劳动合同期间发生劳动争议，劳动者在入职及在职期间均须留意收集和保留双方存在劳动关系及薪酬标准的证据，例如，入职时的沟通记录、录用通知书、工作记录、工资发放记录等。同时,要注意"二倍工资差额"不属于劳动报酬,是受一年仲裁时效限制的,自当事人知道或者应当知道其权利被侵害之日起计算。在不同地区,二倍工资差额适用时效的计算方法有一定差异。北京市的计算法方为:在劳动者主张二倍工资时,因未签劳动合同行为处于持续状态,故时效可从其主张权利之日起向前计算一年,据此实际给付的二倍工资不超过十二个月,二倍工资仲裁时效按天起算,不按整段起算。二倍工资按未订立劳动合同所对应时间用人单位应当正常支付的工资为标准计算。

对于用人单位:应及时与劳动者签订劳动合同,特别是在由用人单位账户支付工资且由用人单位缴纳社保的情况下,劳动者很容易证明存在劳动关系。用人单位不应存在侥幸心理。

10. 劳动者为什么不能签空白劳动合同?

案例

老曹是一名资深健身教练,2021年8月入职某连锁健身品牌公司任店长,负责一家新店的筹备和管理。新店营业步入正轨后,因老曹与总部领导发生矛盾,总部以旗下A公司名义向老曹发出一份解除劳动关系通知书。老曹接到该通知书后比较困惑,明明招用自己的是运营这家健身店的B公司,为什么会由A公司向自己发出劳动关系解除通知呢?老曹以B公司为被申请人提起劳动仲裁,要求确认与B公司之间存在劳动关系,并要求B公司承担违法解除劳动合同的赔偿金。开庭时,B公司拿出一份老曹与A公司签署的劳动合同,答辩称老曹系A公司员工,与B公司不存在劳动关系。由于B公司没有给老曹缴纳社保、工资均是以现金发放,仲裁庭认为老曹未提供充分证据证明其与B公司之间存在劳动关系,遂驳回了老曹的请求。老曹事后仔细回忆,才想起入职时，公司人力资源部工作人员拿一份空白的劳动合同要求他签字，老曹当时也没多想就签了。公司在劳动合同上签字盖章后未返还老曹一份。正是因为老曹签字时合同中的用人单位名称处是空白的，才导致他对用人单位存在误认，从而使仲裁庭认为他告错了对象。

案例评析：

劳动者签署空白劳动合同可能会严重损害自身权益。《劳动合同法》第17条规定，劳动合同应当具备以下条款：（1）用人单位的名称、住所和法定代表人或者主要负责人；（2）劳动者的姓名、住址和居民身份证或者其他有效身份证件号码；（3）劳动合同期限；（4）工作内容和工作地点；（5）工作时间和休息休假；（6）劳动报酬；（7）社会保险；（8）劳动保护、劳动条件和职业危害防护；（9）法律、法规规定应当纳入劳动合同的其他事项。劳动合同除前款规定的必备条款外，用人单位与劳动者可以约定试用期、培训、保守秘密、补充保险和福利待遇等其他事项。法律之所以对此进行规范，就是防止劳动合同流于形式。劳动者在空白合同上签字，就相当于把自己的权利置于一种不确定的状态。

常见套路或误区：

让劳动者在空白合同上签字，用人单位大概率在"挖坑"。比如入职时口头约定只有3个月的试用期，签署劳动合同的时候劳动者未注意到试用期条款处的空白，发生争议时，用人单位拿出来的合同上写的是6个月的试用期，劳动者只能吃暗亏。让劳动者签空白劳动合同的用人单位通常也不会把双方签署完的劳动合同交给劳动者，发生劳动争议时用人单位往往自行补充空白处的内容。如此一来，劳动者会处于非常被动的地位。

应对建议：

签署劳动合同时建议劳动者做到以下四点：

（1）不签署空白劳动合同：在签署合同之前，确保合同中没有空白条款。如果有，可以自行填写或者要求用人单位补充完整。特别是用人单位名称、合同起止时间、试用期、工资、岗位、工作内容、工作地点等关键条款处不能留空白。对于不需要填写的空格部分，画上斜线，以防止以后有人在该处填写。

（2）确认关键条款：确保合同中的关键信息，如薪资、岗位、工作时间、工作地点等与之前谈好的内容一致。如有差异，要及时与用人单位沟通确认。

（3）防范篡改：如果合同是分开的多页，可以在每页底部的中间位置签上自己的名字或骑缝签，以防用人单位在后期更换某些页面。

（4）保留证据：签署合同后，要持有一份合同的原件，作为将来可能出现纠纷时的证据。如果未能获得原件，应至少拍下照片或录制视频，并要求人力资源部发一份复印件作为证据。

11. 签完劳动合同，用人单位不给合同原件怎么办？

> **案例**
>
> 5个月前，老曹入职一家教育咨询公司，签订了3年期的劳动合同，合同约定试用期为6个月。老曹在劳动合同上签字后，人力资源部以需要公司盖章为由收走了劳动合同，一直未返还给老曹。试用期满的前一天，公司称老曹不符合录用条件，即日起解除与老曹的劳动合同。此时，老曹再次向公司索要劳动合同，公司仍以各种借口推脱。老曹提起仲裁，除要求公司支付违法解除劳动合同的赔偿金之外，还要求确认双方之间存在劳动关系，并主张公司支付未签订劳动合同导致的二倍工资差额。

案例评析：

《劳动合同法》第16条规定，劳动合同由用人单位与劳动者协商一致，并经用人单位与劳动者在劳动合同文本上签字或者盖章生效。劳动合同文本由用人单位和劳动者各执一份。这条规定是劳动者向用人单位索要劳动合同的直接法律依据。本案中，老曹与公司签订过劳动合同，故其本不应在仲裁中要求公司支付未签劳动合同导致的二倍工资差额，该项请求只是老曹迫使公司向仲裁庭提供劳动合同的手段，属于策略性的请求。在公司举证后，老曹可以撤回该项请求，即使不撤回，仲裁裁决也会驳回这一请求。

常见套路或误区：

用人单位以要盖章为由收回劳动者已签字的劳动合同，一般是为了给劳动者维权设置障碍，比如劳动者没有劳动合同就无法持合同进行工伤认定、要求补缴社保等。

应对建议：

劳动者要及时向用人单位索要双方均已签字（盖章）的劳动合同，遇到用人单位百般推脱不给合同原件的情况，则要留意收集关于薪酬待遇及双方存在劳动关系等的证据，以防后续需要通过仲裁或诉讼来确认薪酬标准及劳动关系。

《劳动合同法》第81条规定，用人单位提供的劳动合同文本未载明本法规定的劳动合同必备条款或者用人单位未将劳动合同文本交付劳动者的，由劳动行政部门责令改正；给劳动者造成损害的，应当承担赔偿责任。因此，除了在离职后仲裁或诉讼时使用策略迫使用人单位提供劳动合同，劳动者可以通过向劳动监察机构投诉的方式，由劳动监察机构责令用人单位向劳动者提供劳动合同。

第二章　试用期套路

　　试用期是用人单位和劳动者建立劳动关系后为相互了解、选择而约定的最长不超过6个月的考察期。试用期并不是劳动合同的必备条款，劳动合同可以约定试用期，也可以不约定。试用期是包含在劳动合同期限内的，如约定试用期则需要遵循劳动法律对试用期设置的特定规则。

1. 遭遇"试用期合同"骗局，劳动者该怎么办？

> **案例**
>
> 老曹入职一家销售公司，公司要求老曹签订一份为期6个月的"试用期合同"，期间工资按正常工资的80%发放。老曹有些犹豫，他担心试用期结束，公司不与他签订正式合同，但权衡再三，还是签署了这份所谓的"试用期合同"。确实像老曹最初担心的那样，到期后公司提出，老曹试用期考核不合格，因此不再续签订正式劳动合同。

案例评析：

本案中，老曹和公司对试用期都存在误解。实际上并没有所谓的"试用期合同"。《劳动合同法》第19条第4款规定，试用期包含在劳动合同期限内。劳动合同仅约定试用期的，试用期不成立，该期限为劳动合同期限。依据上述规定，老曹与公司签订的所谓"试用期合同"是6个月期限的正式劳动合同，且没有试用期，工资也不能按试用期工资标准发放，老曹有权利向公司主张合同期内每月少得的20%的工资差额。既然老曹与公司签署的实际上是为期6个月的正式劳动合同，那么合同期满后，公司给出的试用期考核不合格这一理由就不成立，公司在"试用期合同"期满后拒绝续签"正式劳动合同"这一行为依法会被认定为劳动合同到期后公司不续签。《劳动合同法》第46条第5项规定，除用人单位维持或者提高劳动合同约定条件续订劳动合同，劳动者不同意续订的情形外，劳动合同期满用人单位终止合同的，应支付经济补偿。因此，老曹可以向公司主张到期后不续签的经济补偿，因其在该公司工作满6个月不满1年，应按1个月工资计算补偿金。

常见套路或误区：

有些用人单位自作聪明地要求新入职劳动者签订"试用期合同"，可能是真的不懂法律规定。有的用人单位可能是明知故犯，欺骗劳动者：某些岗位人员流动性大，用人单位更倾向于签署短期劳动合同，但又希望少发工资，因此忽悠劳动者签为期6个月的"试用期合同"，到期辞退最多付相当于1个月工资的补偿金。有的用人单位把"节省成本"考虑得更"透彻"，签五个半月的试用期合同，到期辞退最多只需要付相当于半个月工资的补偿。遇到不懂劳动法的劳动者，用人单位甚至一分钱都不付就可以把人辞退。

应对建议：

用人单位与劳动者签订"试用期合同"实际是存在风险的。用人单位与劳动者订立"试用期合同"往往是为了规避法律，在"试用期"使用廉价劳动力，方便解除劳动合同。劳动合同仅约定试用期的，试用期不成立，该期限为劳动合同期限。如用人单位与劳动者在"试用期"届满后继续签订劳动合同，则属于连续两次订立固定期限劳动合同，合同期限再次届满时，用人单位应与劳动者订立无固定期限劳动合同。对于用人单位而言，这样做实际上是浪费了一次签订固定期限劳动合同的机会。

很多劳动者像老曹一样，不了解法律对于"试用期合同"是有明确规定的。如遇到用人单位要求签订"试用期合同"，劳动者不是不可以签，但要知晓自己的权利，不要被"试用期合同"的说法所迷惑，同时，要有用人单位可能只是想短期用工的思想准备。在合同期限内，用人单位无权以劳动者在"试用期"内不符合录用标准为由单方面解除合同。"试用期"内用人单位应该按正常标准发放工资。"试用期"届满用人单位不续签的，劳动者可以主张经济补偿。

2. 超期试用，劳动者可以要求赔偿吗？

> **案例**
>
> 老曹2023年3月1日入职一家设计公司并签了为期2年的劳动合同，合同中约定了3个月的试用期，试用期工资按正常工资的80%发放。试用期届满前一周，老曹收到主管发来的一封邮件，称老曹在试用期内表现欠佳，但公司愿意再给老曹一次机会，延长试用一个月，期满考核合格再给转正。老曹认为公司的做法欠妥，但因为工作不好找，也就没吭声，每天更加努力工作。2023年6月29日，主管把老曹叫到办公室，说老曹的工作表现仍然达不到要求，公司已经给过一次机会了，现在只能很遗憾地辞退他。老曹无法接受主管的说法，在拿到公司的解除劳动合同通知后立即申请了劳动仲裁，要求公司支付违法解除劳动合同的赔偿金，同时还主张公司支付已经履行的超过法定试用期间的工资差额及赔偿金。

案例评析：

《劳动合同法》第19条规定，劳动合同期限3个月以上不满1年的，试用期不得超过1个月；劳动合同期限1年以上不满3年的，试用期不得超过2个月；3年以上固定期限和无固定期限的劳动合同，试用期不得超过6个月。同一用人单位与同一劳动者只能约定一次试用期。以完成一定工作任务为期限的劳动合同或者劳动合同期限不满3个月的，不得约定试用期。《劳动合同法》第83条规定，用人单位违反本法规定与劳动者约定试用期的，由劳动行政部门责令改正；违法约定的试用期已经履行的，由用人单位以劳动者试用期满月工资为标准，按已经履行的超过法定试用期的期间向劳动者支付赔偿金。本案中，老曹所在的公司在试用期的操作上犯了两个错误。第一，劳动合同约定的试用期超过了法定期间。老曹与公司签订的劳动合同期

27

限是 2 年，依法试用期不应超过 2 个月，合同中约定 3 个月的试用期是违法的，超出法定期间的这一个月的工资，公司应按试用期满后的正常工资发放。第二，公司延长试用期违法。老曹的试用期已经超过法定最高期限，即使劳动者无异议，再延长试用期也是违法的，每超过法定试用期一天，公司就要多支付一天的工资作为赔偿金。延长的试用期尚未超过法定最长期限的，比如签订 3 年的劳动合同，约定了 3 个月的试用期，试用期届满可否再协商延长三个月？各地的司法实践存在差异。北京市司法实践中通常认为延长试用期违反"同一用人单位与同一劳动者只能约定一次试用期"的规定，不支持协商延长。上海、浙江等地更倾向于认为可以以书面形式约定延长试用期，只要不超过合同期限对应的法定最高期限即认为合法。

常见套路或误区：

有些用人单位认为可以通过发通知的方式单方面延长试用期，或者认为只要说服劳动者同意延长试用期就没问题了。有的劳动者认为自己签了"延长试用期协议"就不能主张用人单位的赔偿责任。

应对建议：

对于用人单位：合同约定的试用期可以短于法律规定的上限，但不能超过。用人单位如果想充分考察劳动者，建议签署 3 年期劳动合同，约定 6 个月的试用期，如劳动者表现优秀，还可以把提前转正作为一种激励。

对于劳动者：要充分了解自己的权利，在用人单位违法约定试用期时要提出异议。违法约定的试用期已履行的情况下赔偿金受 1 年仲裁时效的限制，如果劳动者认为自己的权利受到了侵害，要及时维权。《劳动合同法实施条例》第 34 条规定，用人单位依照劳动合同法的规定应当向劳动者每月支付两倍的工资或者应当向劳动者支付赔偿金而未支付的,劳动行政部门应当责令用人单位支付。劳动者除了申请劳动仲裁,还可以向劳动行政部门投诉,由劳动行政部门责令改正,补足工资差额、支付赔偿金。

3. 能随便辞退试用期内的劳动者吗?

> 老曹大学毕业后在一家公司找到了一份行政助理的工作,劳动合同约定的期限是3年,试用期为6个月。入职4个月后,老曹觉得自己对工作已经上手了,领导交办的事情都可以完成。但令老曹比较意外的是,领导找他谈话,认为他工作不够细致,缺乏主动性,只会按照上级的吩咐做事,不够用心,因此不适合做行政助理。公司决定解除与老曹的劳动合同,所以及早告知,没有必要再耽误老曹找更合适的工作。老曹询问公司是否有辞退补偿,领导说对试用期内的员工可以随便辞退,不需要支付补偿。当晚,老曹的电子邮箱就收到了公司领导发来的以"不能胜任工作"为由解除劳动合同的通知邮件。老曹失业后未能在短时间内找到下一份工作,他的同学建议他申请劳动仲裁,这样可以从上家单位获得相当于1个月工资的赔偿金。

案例评析:

《劳动合同法》第21条规定,在试用期中,除劳动者有本法第39条和第40条第1项、第2项规定的情形外,用人单位不得解除劳动合同。用人单位在试用期解除劳动合同的,应当向劳动者说明理由。有关试用期内解除劳动合同的规则主要有:(1)劳动者提前3天通知用人单位,可以解除劳动合同,转正后则需要提前30日书面通知。(2)在试用期间被证明不符合录用条件的,用人单位可以解除劳动合同并不支付任何补偿或赔偿。(3)不能依据《劳动合同法》第40条第3项"客观情况发生重大变化"和第41条"经济性裁员"与试用期内员工解除劳动合同。除此之外,由于试用期是包含在劳动合同期限内的,《劳动合同法》第39条第2项至第6项、第40条第1项和第2项适用于试用期内劳动者。本案中,公司以"不能胜任工作"为由辞退老曹,那就必须严格按照《劳动合法》第40条第2项的规定来操作,首先要证明老曹不能胜任行政助理的工作,其次还要证明公司对老曹进行了调岗或者培训,老曹仍然不能胜任工作,之后方可解聘。公司的操作明显不符合法律规定,只要老曹在离职后1年内提起劳动仲裁,就可以拿到相当于1个月工资的赔偿金。

常见套路或误区:

随意辞退误区:至今仍有用人单位认为可以随意辞退试用期内的劳动者。实际上,相较于转正后劳动合同的解除理由,试用期内用人单位也可以以"不符合录用条件"单方解除。而且,用人单位以该理由解除劳动合同时,不仅要证明有实实在在的录用条件,还要证明劳动者不符合录用条件。

关于提前通知辞退的误区:部分用人单位以为试用期内只要提前3天通知即可解雇劳动者。

关于无须补偿的误区:试用期内,除非劳动者有《劳动合同法》第39条规定的情形,否则,用人单位单方解雇劳动者就需要支付经济补偿金。

应对建议:

深入了解劳动法律关于试用期的规定:无论是用人单位还是劳

动者，都应深入了解劳动法律法规的相关规定，以确保规范用工或自己的权益不受侵害。

如在试用期内被辞退，劳动者在与用人单位沟通时要有留证意识，保留包括解除通知书在内的证据材料和沟通记录，以便于后期维权。对于用人单位，单方辞退劳动者时也应保留好证据，毕竟单方辞退可能引发劳动争议。

4. 如何理解"不符合录用条件"？

> 案例
>
> 老曹 2021 年 12 月 8 日入职 A 电商公司，签订了期限自该日起至 2024 年 12 月 7 日的劳动合同，试用期自 2021 年 12 月 8 日至 2022 年 6 月 7 日。合同约定老曹负责电商事业部社群运营。2022 年 5 月 26 日，A 公司向老曹发送电子邮件，告知其根据考核情况，初步认为老曹不能完全胜任电商事业部社群运营工作。随后，A 公司向老曹出具解除劳动合同通知，通知载明双方的劳动关系于 2022 年 6 月 7 日解除，原因为试用期内经考核不符合录用条件。解除劳动合同通知上还写明了解除的事实依据，即 A 公司认为老曹社群基础运营工作落实不到位、责任心不够、对用户反馈问题的回答不及时、后期不再按照要求每日更新故事、未按计划发布直播预告、长期不更新电商直播统计数据等。老曹不服，遂申请劳动仲裁。仲裁庭经审理认为 A 公司解除合同违法，A 公司不服仲裁裁决，遂向法院提起诉讼。A 公司向法院提交了一系列证据，包括微信工作群聊天记录、新员工试用期考核表、新员工试用期工作总结等，新员工试用期考核表显示老曹评分为 C（60 分以下）。老曹对新员工试用期考核表等证据的真实性不予认可。法院经审理认为，A 公司以老曹试用期考核不合格为由通知其解除劳动合

> 同，但其提交的微信工作群聊天记录等证据不能直接反映老曹存在不适岗的情形，应有明确、量化、客观的考评标准。新员工试用期考核表、新员工试用期工作总结等证据没有老曹的签字确认，老曹对这些证据的真实性均不认可，在没有明确、客观的考核标准和考核结果的情况下，A公司以试用期内不符合录用条件为由通知老曹解除劳动合同，系违法解除，应支付违法解除劳动合同赔偿金。

案例评析：

用人单位在试用期内以劳动者不符合录用条件为由单方解除劳动合同，应符合下述条件：首先应当设置明确的录用条件，且能够证明已经向劳动者明确告知该条件，还需要能够证明劳动者在试用期间不符合录用条件。能够满足上述要求的，才可以依照《劳动合同法》第39条第1项的规定解除劳动合同。本案中，A公司没有提供证据证明公司在录用时向老曹明确告知了录用条件，虽然在试用期内有考核，但考核流于形式，考评标准不够量化和客观，老曹也没有在考核结果上签字确认，因此A公司提供的证据不足以证明老曹不符合录用条件。

常见套路或误区：

有些用人单位判断劳动者是否符合录用条件的标准过于主观，用工作态度不积极、知识储备少、学习能力差等理由辞退劳动者，是不符合法律规定的。有些单位没有规定具体明确的岗位职责，在招聘时所列的条件大多限于学历、资格和工作经历等硬性要求，录用条件不够明确、具体。更多的用人单位则对试用期内的劳动者缺乏考核标准，或者考核标准过于主观，有时仅凭领导打出的低分就辞退劳动者。

应对建议：

劳动者因在试用期内不符合录用条件而被解除劳动合同进而引发劳动争议的情况很常见。用人单位有权规定录用条件的具体内容，但应注意，录用条件应当合法，比如不应当有就业歧视，还要具有合理性。

劳动者不符合录用条件的情况通常有：（1）严重违反诚实信用原则。例如，入职后查明劳动者隐瞒了与劳动合同直接相关的基本情况，或提供虚假学历证书、假身份证、假护照等个人重要证件，知识、技能、业绩、态度、健康等个人情况说明与事实有重大出入。（2）存在较大工作失误。对工作失误的认定以劳动法律相关规定、用人单位规章制度以及劳动合同的约定为标准。除此之外，用人单位可以把与工作直接相关的其他条件列为录用条件，如工作能力、工作态度，但应明确具体，有可操作性。

用人单位在与劳动者进行离职面谈时可能会故意混淆招聘条件与录用条件，HR可能会声称招聘条件就是录用条件，但实际上，两者不可能完全等同。用人单位没有对试用期内的员工进行考核或者考核标准不明确、不客观，就以劳动者考核不合格为由单方解除劳动合同的，劳动者可以提出异议，表示不认可考核结果，并保留证据，以备离职后申请仲裁，要求用人单位支付赔偿金之用。如果用人单位以试用期考核不合格为由提出协商解除劳动合同，劳动者要注意分析用人单位的考核结果是否客观，如认为考核结果有问题，不要轻易在无任何补偿条款的解除协议上签字。在试用期接近尾声时，如人力资源部门以各种理由试图说服劳动者主动辞职，劳动者不要被轻易说服，至少要为自己争取一定的补偿。

第三章　薪酬福利

劳动报酬和福利涉及劳动者的切身利益。实践中因工资、奖金、提成、加班费等发生的争议占劳动争议案件的很大比例，劳动者有必要了解与此相关的法律规定和计算方法。

1. 用人单位拆分工资，合法吗？

小案例

老曹 2019 年入职某公司时劳动合同上约定的月工资标准是 1.5 万元，在公司工作几年后，老曹的月薪已经上涨到 2.5 万元。2023 年初公司改革薪酬制度，员工工资由原来约定的税前固定金额，调整为"基本工资＋岗位工资＋绩效奖金＋通信及交通补贴"。为此，公司重新梳理了各岗位的职责并定岗定薪，要求每个月按照绩效考核制度进行考核，绩效奖金根据考核结果发放。公司总经理在开会时口头承诺，改革后大家的工资不会降低，多劳多得。虽然开会时有人提出异议，认为不应当对合同约定的工资进行拆分，但绝大多数员工保持沉默。薪酬改革方案顺利由职工代表大会表决通过，并通过邮箱发送给了每位员工。

公司人力资源部负责人与每位员工约谈，要求重新签署一份薪资确认单，老曹的薪资确认单显示的工资构成为"基本工资 5 000 元＋岗位工资 3 000 元＋绩效奖金＋通信补贴 400 元＋交通补贴 600 元，绩效奖金根据月考核结果发放"。老曹拿到该薪资确认单后十分犹豫，人力资源部负责人再三口头保证，每月所得不会变，而且公司制度是开会表决过的，得按制度执行。老曹在薪资确认单上签了字。之后几个月收入倒是没有太大变化，但后来绩效奖金越来越少，2023 年 9 月老曹的月收入还不到 1.5 万元。老曹找到人力资源部负责人询问，后者说老曹所在部门最近没有什么项目，绩效奖金自然就少，能发出来就不错了。老曹认为公司属于变相违法降薪，于是提起仲裁，申请补足工资差额。

案例评析：

劳动合同可以约定固定金额的劳动报酬，也可以约定薪资构成，双方协商一致还可以变更劳动合同中关于薪资的约定。本案中，老曹所在的公司进行薪酬管理制度的改革是基于企业管理自主权，新的薪酬制度遵循了民主程序和公示告知程序，甚至还让员工签订薪资确认单，可以说在程序上做得很完备。因此，本案中老曹主张工资差额的败诉风险很大。但是，绩效奖金也需要按公司制度发放，如公司不能举证证明绩效奖金的具体计发标准和考核依据，大幅降低绩效奖金会被认定为恶意降薪而应补发。具体到老曹的情况，如果根据规定老曹的目标绩效奖金是一个固定的金额，比如 16 000 元，但公司并没有具体的考核标准或者考核标准不客观、不合理，有可能被判决补发。

常见套路或误区：

拆分工资主要是指将合同中约定的固定金额拆分成若干项，在实践中用人单位通常会将工资拆分成"固定工资+浮动工资+补贴"。固定工资通常包括基本工资、岗位工资、技能工资、工龄工资等，浮动工资通常是指绩效工资或奖金、提成、佣金等。固定金额的劳动报酬变为"固定工资+浮动工资"，实际收入可能会减少。劳动者不要轻信用人单位的口头承诺，如果承诺不能落实到纸面上，不能在裁判程序中作为证据，就相当于没有承诺。

应对建议：

对于用人单位：如拆分工资的出发点确实是为激励劳动者，法律是不禁止的。规章制度的修改应按劳动合同法规定的民主程序进行，在变革薪酬制度时，最好让劳动者签订薪资确认单或劳动合同补充协议。切记不要自行拆分，甚至连工资条也不发。如果劳动者根本不知道单位对工资进行了拆分,用人单位在仲裁或诉讼时主张有工资构成且薪资是浮动的,劳动者根本不会认可,仲裁庭或法庭也难以采信用人单位的说法。从用人单位管理的角度来讲,对薪酬结构进行改革,使薪酬有一定的浮动是值得倡导的,但不应损害劳动者合法权益,以免影响劳资关系和企业整体氛围。

对于劳动者:在遇到用人单位拆分劳动合同约定的工资时,要及时提出自己的意见;建议与用人单位明确绩效工资、提成等浮动薪酬的计算标准和方法及具体的考核标准等,以最大限度确保自己的薪资不降低。

2. 以票据报销方式发工资是"馅饼"还是"陷阱"?

> **小案例**
>
> 老曹2020年初入职一家软件公司,任售前工程师,入职时公司承诺年薪36万元,但劳动合同中却载明月薪2万元,人事部门称每月有5 000元的绩效工资会按票据报销方式发放,年终还有6万元奖金,到手36万元没问题。老曹入职后,确实可以以发票报销方式每月领取5 000元,公司称这类报销为二类报销,因履职实际发生的费用的报销称为一类报销。年底时,公司承诺的年终奖并没有兑现。
>
> 老曹因年终奖问题提起劳动仲裁。公司认为老曹在在职期间提起劳动仲裁对公司有不好的影响,所以对老曹进行了审计。经审计,公司认为,老曹在职期间存在大量虚假报销,并以老曹严重违纪为由将老曹辞退。老曹在开庭前增加仲裁请求,要求公司支付违法解除劳动关系的赔偿金,公司则提起反请求,要求老曹返还虚假报销所获得的款项,赔偿单位经济损失。在庭审中,公司还声称老曹涉嫌诈骗公司财产,不排除会考虑报警处理。

案例评析：

《劳动法》第 50 条仅规定"工资应当以货币形式按月支付给劳动者本人"，并没有规定工资的支付方式。从劳动法律的角度讲，以现金方式支付工资并不违法，但通常难以规范。用人单位为了避税将工资拆分成基本工资和其他项目，基本工资汇入工资卡，其他项目以票据报销的方式发放是不合法的。劳动者以票据报销方式领取工资，可能会被以虚假报销为由辞退；如不能自证清白，不但需要返还已经领取的这部分工资，可能还涉嫌刑事犯罪。在本案审理过程中，老曹通过大量的举证来证明公司存在以报销形式领取绩效工资的惯例，包括与公司财务人员的微信沟通记录（其中明确记载了老曹询问加油票等是否可以用来报销领取绩效工资），入职后在和人事部门负责人的微信聊天记录中，老曹也再次确认了每月有 5 000 元的绩效工资且可以用发票抵，最终仲裁庭认定老曹不存在虚假报销，公司解除劳动合同违法。但这仅仅是个案的结果。老曹没办法证明实际支出了相关款项，也没办法证明这些票据与业务相关，从这个角度讲"虚假报销"确实存在，如老曹未充分举证证明以票据报销方式领取绩效工资系公司要求，很可能就会败诉，且其他后果严重。

常见套路或误区：

有些用人单位以避税为名，在工资发放上采用一些错误的做法：

（1）一部分工资汇入工资卡发放，另一部分以现金形式发放，以汇入工资卡的金额为基数为劳动者缴纳社保和公积金，代扣个税。这种混合发放方式导致劳动者难以证明实际工资额，在涉及加班费和补偿金时，可能只能以工资卡汇入金额为计算标准。也有用人单位要求劳动者提供亲属的银行卡号，将部分工资打到后者卡上，目的也是一样的。

（2）以票据报销的方式发放的部分工资或奖金，通常是浮动的，全额不固定。这部分收入虽然也汇入工资卡，但通常备注为报销款，这种发放方式会降低劳动者的工资计算基数。也有用人单位利用劳动者提供的票据来虚增成本。以票据报销方式发放工资，因劳动者未实际发生可报销事项，用人单位可能会在发生劳动争议时主张劳动者虚假报销，以劳动者严重违反规章制度或给用人单位造成重大损失为由将其辞退，甚至可能在仲裁或诉讼中要求劳动者赔偿损失。如劳动者不能证明该部分报销收入实际属于工资且是用人单位要求以报销方式发放的，被裁判赔偿用人单位损失甚至承担刑事责任的可能性是存在的。

（3）有的用人单位要求劳动者提供第三方的增值税专用发票，用人单位先以业务往来款名义向第三方支付，再让劳动者从第三方支取。这种方式不但违反税法规定——因为用人单位与第三方之间没有实际发生业务，还可能涉嫌虚开增值税专用发票罪。另外，上述领取收入的方式会使这部分收入难以被认定为工资，涉及经济补偿金时工资计算基数自然被降低。

应对建议：

对于用人单位：应依法依规发放工资，以现金方式发放工资并不适合长期用工、规范用工的企业，如在发放现金时没有要求劳动者签字，用人单位也很难自证这部分工资已经发放，容易产生未足额支付工资的风险。

对于劳动者：如用人单位以现金发放工资，劳动者要注意留存能证明工资标准的证据，可以通过微信等方式确认工资标准和工资发放方式，以便于日后发生纠纷时进行举证。用人单位若要求以发票报销方式领取工资，劳动者可以拒绝。劳动者更不能向用人单位提供第三方的增值税发票，由用人单位向第三方支付后，劳动者再从第三方领取工资，这是不合法的。

3. 为什么发到手的工资数额好像不对？

> **小案例**
>
> 老曹在 A 公司做管理工作，月薪为 1 万元。2022 年 10 月，老曹请了 2 天事假，这个月工资发到手后，老曹感觉数额好像不对。于是老曹找到人事部门主管询问，后者表示工资数额没有问题："10 月你上了 16 天的班，税前应发 7 356.32 元，即 10 000 元 ÷ 21.75 天 ×16 天"，老曹认为"扣除 2 天事假工资后税前应发 9 080.46 元，即 10 000 元 - (10 000 元 ÷ 21.75 天 ×2 天)"。但又觉得公司说得有点道理，一时间有点想不明白。恰好此时老曹以前的上司辞职创业开办了新公司，想让老曹过去上班，并且出主意说老曹可以以 A 公司未足额支付劳动报酬为由通知 A 公司立即解除劳动合同，这样不但可以不用等辞职审批，能够尽快到新公司工作，还能主张经济补偿金。

案例评析：

法律只规定了工作时间和日工资、小时工资的折算方法。依据劳动和社会保障部《关于职工全年月平均工作时间和工资折算问题的通知》，年工作日：365 天 -104 天（休息日）-11 天（法定节假日）= 250 天；季工作日：250 天 ÷4 季 = 62.5 天 / 季；月工作日：250 天 ÷12 月 = 20.83 天 / 月。工作小时数的计算：以月、季、年的工作日乘以每日的 8 小时。法定节假日用人单位应当依法支付工资，折算日工资、小时工资时不剔除国家规定的 11 天法定节假日。月计薪天数 =（365 天 -104 天）÷12 月 = 21.75 天。日工资：月工资收入 ÷ 月计薪天数。小时工资：月工资收入 ÷（月计薪天数 ×8 小时）。本案中，人事部门主管的算法被称为正算法，也称"累加计算法"，老曹的算法为反算法，也称"扣除计算法"，这两种方法都不违法，但结果会有差异，因为 21.75 天是法律规定的月平均计薪日。本案中，公司对工资的计算是有误的，人事部门主管只参考了老曹的考勤记录，按照打卡的天数用累加法计算工资，忽视了 10 月份因国庆节有 3 天的法定假日，当月的计薪天数应当是实际出勤天数再加上法定假日天数，应当按 19 天计算，税前工资为 8 735.63 元，但仍低于老曹按扣除法计算的月薪。本案中，人事部门主管在计算月薪时遗漏了本应计薪的三天法定节假日，确实未足额支付该月工资，老曹关于经济补偿的主张应予支持。但如果仅仅是计算方法不同而产生的差额，劳动者以公司未足额支付劳动报酬为由被迫解除劳动合同而要求经济补偿则难以获得支持。

常见套路或误区：

有些用人单位不会主动向劳动者发放工资条，劳动者大多也不留意每个月工资的轻微浮动。用人单位可能悄悄扣了钱而不告知劳动者。

应对建议：

对于劳动者：如果用人单位不发工资条，建议主动索要工资条并保存好。在劳动争议案件中，工资条常作为案件的关键证据使用。如果对工资发放金额有异议，要及时提出。劳动者要看懂工资表的构成，明确税前应发工资金额和实发金额。

对于用人单位：建议在规章制度中对工资的计算方法进行统一规定，或者在劳动合同、薪资确认单中进行约定；可以统一采用扣除法或者累加法，避免因计算方法不同产生争议。

4. 加班工资怎么计算？

> **案例**
>
> 老曹是北京市一家软件开发公司的工程师，在这家公司已工作5年，月工资从最初的1万元涨到3万元。为了赶项目进度，老曹和同事们经常干到深夜才下班，周末更是少有休息时间。公司每月给晚上加班的人补贴300元餐费，22点之后下班还给报销打车费。公司也给加班费，但给得不多。2022年10月，公司以老曹迟到早退构成严重违纪为由将其辞退。老曹提起劳动仲裁时，朋友提醒可以在主张公司支付违法解除劳动合同赔偿金的同时主张在职期间长达5年的加班费。仲裁庭审理时，公司抗辩称公司有规定，对于工作日加班的，一小时加班费4元，休息日加班的，一小时加班费20元，但未举证证明老曹入职后签收过该规章制度。

案例评析：

《劳动法》第44条规定，有下列情形之一的，用人单位应当按照下列标准支付高于劳动者正常工作时间工资的工资报酬：（1）安排劳动者延长工作时间的，支付不低于工资的百分之一百五十的工资报酬；（2）休息日安排劳动者工作又不能安排补休的，支付不低于工资的百分之二百的工资报酬；（3）法定休假日安排劳动者工作的，支付不低于工资的百分之三百的工资报酬。依据该规定，存在三种类型的加班，即工作日延时加班、休息日加班和法定节假日加班，三种类型的加班分别对应不同的加班费计算比例。工作日延时加班工资＝加班工资计算基数÷21.75÷8小时×加班时间（小时数）×150%；休息日加班工资＝加班工资计算基数÷21.75×加班时间（天数）×

200%；法定节假日加班工资＝加班工资计算基数÷21.75×加班时间（天数）×300%。对于休息日加班和法定节假日加班，如当日加班时间不足8小时或超出8小时的，也可以计算出小时工资后主张按小时数计算。本案中，这家软件开发公司在加班费计算方面的问题主要在于加班工资计算基数的确定。基数是否允许双方约定？约定的基数低于实际工资是否有效？常规性奖金、津贴、补贴是否应纳入加班费的计算基数？能否约定以当地最低工资作为加班费计算基数？是以本人当月工资还是以主张加班费前12个月平均工资为计算基数？在这些问题上不同地区的司法实践存在差异。虽大多是以劳动合同中约定的"工资标准""加班工资基数"优先，以"集体合同中约定的工资标准""前12个月平均工资""正常劳动下应发工资"等为补充，但具体计算还需要遵守当地规定。下面以北京市相关规定为例说明加班费的计算方式。

（1）在劳动合同中没有明确约定加班费计算基数，原则上应按照劳动合同约定的劳动者本人工资标准来确定。在劳动合同履行中，劳动者的工资数额发生改变，但双方未及时变更合同约定的，劳动者可以主张按照实际履行中劳动者正常劳动所得工资确定加班工资的计算基数。本案中，随着工资的上涨，老曹可以主张对应时段加班费的计算基数随之调整。以变化后的劳动者本人正常劳动所得工资作为加班工资计算基数更能体现其实际劳动价值。劳动者正常提供劳动的情况下，用人单位实际发放的工资高于原约定工资标准的，可以视为双方变更了合同约定的工资标准，要以实际发放的工资作为加班费计算基数。

（2）劳动合同没有明确约定工资数额，或约定不明确时，应当以实际发放的工资作为计算基数。

（3）加班工资基数是指代扣代缴税款、社保个人负担部分等之前的应发工资数额，如应发工资数额难以查明，可参照实发工资数额确定。加班工资基数不得低于本市规定的最低工资。

（4）劳动者的工资构成中包含多个项目时，加班工资计算基数应结合实际情况来确定。基本工资、岗位工资、职务工资、工龄工资、级别工资等按月支付的工资组成项目具有连续性、稳定性特征，金额相对固定，属于劳动者正常劳动的应得工资，应作为加班工资的计算基数。

（5）用人单位与劳动者在劳动合同中约定了加班费计算基数的，在该约定不违法的情况下，以该约定为准。较为常见的是在劳动者工资结构为基本工资加绩效奖金等浮动薪酬的情况下，约定以基本工资为加班费计算基数。

（6）用人单位与劳动者在劳动合同中约定了工资标准，但同时又约定以本市最低工资标准或低于劳动合同约定的工资标准作为加班费计算基数，劳动者可以主张以劳动合同约定的工资标准作为加班费计算基数。劳动者加班系以牺牲休息时间为代价，如果允许以低于约定工资的标准为加班费计算基数，可能会导致劳动者加班工资低于本人小时工资的情况出现。

（7）实行综合计算工时工作制的用人单位，当综合计算周期为季度或年度时，应将综合周期内的月平均工资作为加班费计算基数。实行综合计算工时工作制的，劳动者在综合计算工时周期内总实际工作时间超过总标准工作时间的部分，视为延长的工作时间，用人单位支付延时加班费（按150%比例），法定节假日上班的，按法定节假日加班工资计算（按300%比例）。综合工时制下是没有休息日加班工资的。

本案中，劳动合同履行地和软件开发公司的注册地均在北京市。虽然公司在审理中提交了规章制度，但未能提供证据证明向老曹告知了规章制度，仲裁裁决未采信这一证据，支持按老曹本人工资标准计算加班费。即使老曹知晓公司规章制度的规定，该制度也不能作为计算加班费的依据。加班费每小时无论是 4 元还是 20 元，都低于老曹本人的工资标准，也低于按北京市最低工资标准计算的加班费工资基数。

常见套路或误区：

有些用人单位为控制人员成本，常常在加班费计算基数上做文章，例如：（1）在劳动合同中约定加班费以基本工资为计算基数；（2）劳动合同的工资数额处直接填写基本工资的金额；（3）在劳动合同中约定以当地最低工资标准为加班工资计算基数。

应对建议：

对于用人单位：可以在劳动合同中约定加班费计算基数，但这一约定不能违法或损害劳动者权益，比如不能低于当地最低工资标准。能否通过约定来降低加班成本，还要看具体岗位的工资构成，如是基本工资加浮动工资的工资构成，约定按照基本工资来计算加班费是合理的，但如果浮动工资只是个幌子，工资实际浮动不起来，即使名义上是绩效、奖金等，也容易被认定为固定发放部分而纳入加班费计算基数。有一定幅度的浮动且按季度发放的绩效奖金，不纳入加班费计算基数是合理的。仅在规章制度中规定加班费的计算基数，甚至规定一个固定数额的加班费是有风险的，在合同中设置劳动者同意按规章制度规定的标准计算加班费的条款理论上是降低风险的方法，但在审判实践中通常会被要求证明规章制度经过了民主程序且已经公示告知劳动者本人，证明难度加大了，风险会更大。

对于劳动者：首先要对有关加班的法律规定有一定的了解，知道公司的做法是否合法，是否损害了自身权益。加班费属于劳动报酬，仲裁时效是在离职后一年内，离职后一年内可以主张在职期间加班费，但要防止时间过久证据灭失。

5. 绩效工资是浮动工资，用人单位就可以随意调低吗？

> **案例**
>
> 老曹在一家教育咨询公司做客服经理，劳动合同中约定月薪为"基本工资 5 000 元 + 绩效工资（目标绩效 5 000 元）"，公司根据绩效考核结果发放绩效工资，但老曹入职两年以来就没见过公司有绩效考核制度，每个月的工资基本是按税前 10 000 元发放的，公司对客服岗也没有什么实质性的考核，只是每个月由公司主管副总象征性地评分，老曹基本都能拿到 A，绩效工资按 100% 发放。2023 年 5 月，招老曹进来的那位副总离职了，新来的副总似乎对老曹不太满意，上任第一个月就给老曹的绩效考核打了个 C，老曹的绩效工资仅能发到 30%。老曹不认可这一考核结果，认为公司未足额发放工资。在后续申请的劳动仲裁中，老曹主张公司应补发工资差额。

案例评析：

绩效工资虽然是浮动工资，但并不是用人单位想怎么发就怎么发：应依据公司的绩效考核制度对劳动者的工作进行考核，从而确定发放金额。本案中，老曹所在公司对于老曹的工作岗位显然没有实际可操作的考核制度，也没有进行过考核，只靠领导打分来发放绩效工资，考核标准过于主观，难以被裁判机关采信。该公司还把浮动工资作为"固定工资"发放，老曹在职的两年时间公司均是连续、固定地按同一金额发放绩效工资，发生争议时，会被认定为实际并没有浮动而是按固定工资发放。

常见套路或误区：

对绩效工资的常见误区如下：（1）用人单位认为绩效工资是浮动工资，可以随意调低。（2）没有绩效考核制度。如果合同提到了"依据绩效制度考核后发放"，但用人单位实际上并没有这样的制度，那么劳动者有权要求全额发放绩效工资。（3）有绩效考核制度，但没有实施考核，或提供的考核记录没有劳动者签字，劳动者不认可考核记录，因为用人单位没有证据证明进行了考核。（4）绩效考核制度存在问题，如程序不合法，制度的制定和修改缺少民主程序和公示告知程序，无法证明劳动者知晓制度，制度内容不合法或考核标准不客观，缺乏可操作性。（5）恶意考核。即使制度看起来合法合理，但用人单位通过恶意考核少发劳动者的绩效工资。

应对建议：

建议劳动者做到以下几点：

（1）审查合同：检查合同中与绩效工资有关的条款，确定是否有明确的约定。

（2）查询用人单位绩效考核制度：确定用人单位是否有绩效考核制度，并查看其是否经过公示、是否合法。

（3）及时提出异议，维护自己的权益：如果发现用人单位的绩效考核制度不合理或存在恶意考核的情况，应坚决争取自己的权益，可以不在考核结果上签字并提出申诉。

（4）保留证据：在任何争议中，证据都是关键。务必保留与绩效、工资相关的所有文档和沟通记录，以便在必要时作为证据。

6. 用人单位业绩不佳，能否不发放绩效工资？

案例

老曹在2020年1月加入某公司，担任工程师。他的工资构成包括两部分：岗位工资和绩效工资。合同约定绩效工资是基于员工的考核结果确定的。在老曹入职后不久，公司以其业绩不佳为由，仅支付了很少的绩效工资。起初，老曹认为这只是暂时的，但公司后来直接停发了他的绩效工资。因此，老曹提起仲裁，要求用人单位支付工资差额。公司辩称，绩效工资是浮动的，当公司经营状况不佳时，可以不发放绩效工资。而老曹认为，他的工资应当是固定的。由于用人单位没有制定明确的考核方法、下达考核指标，且近期也未进行绩效考核，因此应当支付给他应得的绩效工资。

案例评析：

该案的裁判基于以下观点：如果用人单位主张绩效工资是基于考核结果浮动的，那么就应该提供相关证据，如考核制度、标准、过程和结果等。如果用人单位不能提供这些证据，就必须承担由于不能提供证据所造成的不利后果。此外，仲裁裁定指出，仅因为用人单位的营业状况不佳，就不支付绩效工资是不成立的。按合同约定，绩效工资基于对劳动者的考核结果确定，与用人单位效益并不挂钩。因此，仲裁庭最终判定用人单位应向老曹补发未发放的绩效工资。

常见套路或误区：

许多用人单位可能会以业绩不佳为借口，不发或少发劳动者的绩效工资。但实际上，如果用人单位没有明确的考核方法和标准，则不能仅基于自身的经营状况来决定是否发放绩效工资。

应对建议：

劳动者应确保与用人单位签订的劳动合同中明确规定了工资构成和支付方式。

如果用人单位未支付绩效工资，劳动者首先要了解绩效工资发放的标准和方式、是否有目标绩效金额、是否有明确的计算方法和标准等，从而提供证据证明自己应当获得绩效工资或者证明用人单位少发了绩效工资；当用人单位抗辩称不发放或者少发放绩效工资是因为劳动者业绩不佳，则用人单位应就劳动者业绩结果、绩效考核方法提供证据；如用人单位未能证明对劳动者少发或者不发绩效工资是因绩效表现差，则应当补发绩效工资。

7. 不回款不给销售提成，劳动者离职时怎么要提成工资？

> **案例**
>
> 老曹在北京一家房地产顾问有限公司担任豪宅销售顾问，工资标准为基本工资加业绩提成。2022年1月2日老曹离职。老曹于2020年12月1日至12月31日销售某小区西边户一套，房屋成交金额为4 566万元；于2021年1月1日至2021年12月31日销售某小区中间户一套，房屋成交金额为4 556万元。公司仅在2021年2月20日给老曹发放了20 972.74元（税后）的提成。老曹离职后提起仲裁要求公司支付上述两套房屋的销售提成共计26.27万元。老曹向仲裁庭提交了两套房产的成交信息截图，公司提交了《劳动合同补充协议》，协议对于提成发放的问题进行了约定："对于一手业务，网签前离职，达到结案达标线后，成交单于

> 结案的次月提成发放日发放月度提成，且离职后结案的税前月度提成发50%；已网签但结案前离职，达到结案达标线后，成交单于结案的次月提成发放日发放月度提成，且离职后结案的税前月度提成发70%。"公司还提交了两套涉案房屋成交及进展的系统截屏、关于两套房屋未收回佣金的录屏，来证明公司还未收到佣金，老曹的提成尚未达到支付条件。仲裁庭审理后认为两套房产提成的支付条件尚未成就，驳回了老曹的仲裁请求。老曹不服该裁判结果，向法院提起了诉讼。

案例评析：

本案中，老曹和公司在《劳动合同补充协议》中对于提成发放的问题进行了约定，该约定不违反法律法规的强制性规定，系双方真实意思表示，对双方均具有约束力。尽管公司提交的证据显示因未收到佣金，这两单业务尚未结案，依据补充协议的约定，老曹的提成尚未达到支付条件，但因老曹已离职，难以掌握房屋交易的后续进展情况，为维护劳动者合法权益，老曹的主张应予支持，根据双方约定的提成计算方法，公司应按照70%的比例向老曹发放两套房产的销售提成。最终法院判决支持了老曹的诉讼请求。

劳动者和用人单位约定回款后支付提成，本身没有问题，但劳动者离职时，对于未回款的项目能否主张支付提成，实践中存在不同的做法。本案发生在北京市，仲裁裁决是由朝阳区仲裁委员会作出的，一审判决是怀柔区法院作出的，不同的裁判结果表明司法实践中对此类案件的处理存在分歧：认为应当依约定条件处理的，通常是考虑到以回款为支付提成条件，属于附条件的民事法律行为，应尊重当事人意思自治；认为在离职时即使没有回款也应当结算提成的，通常是考虑到劳动者离职后难以知悉回款情况，无从主张权利，等合同款收回后再主张业务提成，明显会不恰当地增加劳动者的维权难度，有违公平原则，也不利于对劳动者权益的保护。

常见套路或误区：

关于提成，以下几类问题比较常见：

（1）用人单位在劳动合同或规章制度中以回款金额作为提成计算基数。

（2）用人单位在劳动合同或规章制度中以合同金额作为提成计算基数，以回款作为支付条件。

（3）用人单位在劳动合同或规章制度中设置"离职时未回款的，不支付提成"条款。

（4）用人单位在劳动合同或规章制度中以该项目的利润作为提成计算基数。

（5）有的用人单位提成计算方法复杂，且没有明文规定，不向劳动者公开，仅领导层内部掌握。

用人单位规定以合同金额作为提成计算基数，仅以回款为支付提成条件的，即使劳动者离职时未回款而暂不支付，等回款后也要支付给劳动者，因此该规定并不违法，但"离职时未回款，不支付提成"的条款则侵害了劳动者合法权益，条款有被认定为无效的风险。以用人单位项目利润作为提成计算基数，用人单位可能会被要求提供证据证明项目利润，如劳动者不认可利润数额，利润计算方式是否合理、是否虚增成本来降低利润就会被纳入审查范围。劳动者在主张提成时需要提供基本的证据来证明自己的劳动报酬中包含提成以及提成的计算方法等。用人单位设置复杂的提成计算方法并保密的做法，无疑会给劳动者举证造成巨大困难。

应对建议：

对于用人单位：建议用人单位规范操作。劳动者离职时未回款，并且劳动者本身的工作职责是仅负责签约，不负责后续的项目跟进管理和追款的，如想避免劳动争议，建议用人单位一次性结清应支付的提成款；如劳动者仅完成了项目的部分工作，其离职后后续工作须交接给他人继续完成的，可以事先在劳动合同或规章制度中约定按一定比例支付提成，离职时按合同或规章制度执行以避免争议。

对于劳动者：如本人工资构成中包含提成一项，入职后查看劳动合同和规章制度中对提成的计算方式和发放条件是否有明确规定，如果没有规定或者规定不明确，建议通过可留存证据的方式向人力资源部或财务部进行确认。如果劳动者自己都说不清提成是怎么计算的，那么发生争议后很难提供证据证明。案件审理中，谁主张谁举证，劳动者若主张发放提成，就需要提供基本的证据。

8. 用人单位法务说佣金不算工资，正确吗？

> **案例**
>
> 老曹在某知名地产集团任高级渠道顾问，劳动合同中载明的工资构成是"底薪+佣金"，佣金按销售房产成交金额的千分之二发放。老曹销售的是集团开发的新房，通常是集团的哪个项目需要销售人员，就把老曹的劳动合同换签到哪家项目公司。老曹2020年7月换签到公司的海南旅游地产项目，受房地产行业大环境影响，老曹只在换签后第一个月卖出去一套200万元的房子，后面半年时间里，老曹每个月只能拿到7000元的底薪。公司认为老曹长期不开单，不能胜任销售工作，于是将老曹辞退，并不给

> 其任何补偿。老曹申请劳动仲裁,要求公司支付违法解除劳动合同的赔偿金和卖出去的那套房产的佣金。仲裁庭审理中,公司的法务抗辩说佣金不属于劳动报酬,而是劳务报酬;佣金不属于劳动争议案件受案范围,佣金争议不应由仲裁庭审理,且佣金也不能计入赔偿金的计算基数中。

案例评析:

通常所说的佣金是具有独立地位的中间商、捐客、经纪人、代理商等在商业活动中为他人提供服务,介绍、撮合交易或代买、代卖商品所得到的报酬,可以说是劳务报酬。如果自然人在交易中不具有独立的地位,仅是作为提供居间服务公司的员工参与交易,居间人是公司,收取佣金的也是公司,则该自然人从公司获取的收入无论名义上是佣金还是提成,都有业绩提成的性质,均属于劳动报酬。本案中,老曹销售的是公司开发的房产,谈不上提供居间服务,虽然劳动合同中名为"佣金",但实际上是销售提成,属于工资,应计算在赔偿金的计算基数中。

常见套路或误区:

"佣金"这个词在房地产行业比较常见,其实质就是劳动报酬。有些用人单位以"佣金"为名,将劳动者的部分收入不计入赔偿金的计算基数中。

应对建议:

劳动者不要被名称误导,用人单位发的绩效工资不一定是浮动的,"佣金"也不一定就是真正的佣金。"佣金"是否属于劳动报酬,要看其本质。

9. 用人单位不发年终奖，劳动者离职后还能要吗？

案例

老曹在 A 商业地产管理公司工作近 10 年，公司运营的大多是一线城市优质商业地产，老曹月薪虽然不高，但前些年公司每年都会根据半年考核结果发一次相当于 3 个月工资的半年奖，然后年终再根据全年的考核结果发相当于五六个月工资的年终奖。近几年公司发的奖金不断减少，老曹向人力资源部询问，后者回复称受地产行业大环境影响，公司效益不好，所以奖金不能全额发放。2022 年 10 月，公司以客观情况发生重大变化为由将老曹辞退，老曹要求公司把 2022 年的半年奖和年终奖发了，公司以所有员工都没有年终奖为由拒绝。老曹离职后申请劳动仲裁，主张违法解除劳动合同的赔偿金、2020 年至 2021 年半年奖和年终奖的差额以及 2022 年半年奖和 2022 年年终奖折算金额。

案例评析：

依据《关于工资总额组成的规定》第 4 条，奖金属于工资总额的组成部分。《〈关于工资总额组成的规定〉若干具体范围的解释》第 2 条规定，生产（业务）奖包括超产奖、质量奖、安全（无事故）奖、考核各项经济指标的综合奖、提前竣工奖、外轮速遣奖、年终奖（劳动分红）等。因此，年终奖属于劳动报酬，不得无故拖欠或克扣。但法律对于年终奖的发放并没有强制性规定，公司是否设置年终奖、如何设置年终奖的发放条件，均属于用人单位的自主管理权范畴。

因年终奖发放产生的争议，通常需要审查以下事实：

（1）劳动者薪酬中是否设置有年终奖。首先看劳动合同中是否有约定，如果没有，那么看入职时的录用通知书上有没有约定年终奖。其次看规章制度中是否有规定。再次，如果劳动合同和规章制度中均没有规定，要确认公司既往年份是否存在发放年终奖的事实，如果往年有规律地发放年终奖，则有可能被认定为薪酬中含年终奖，通常这需要劳动者提供证据来证明。本案审理中，老曹通过举证证明往年基本有规律地发放年终奖，并且提交了在年终奖少发时与人力资源部的沟通记录，在劳动合同和规章制度中都没有明确规定年终奖的情况下，仍成功证明薪酬中含年终奖，相反，公司未能提供证据证明公司少发年终奖具有正当性，对于半年奖的审查规则也是如此，故仲裁裁决支持老曹关于补发半年奖和年终奖的请求。

（2）发放年终奖的依据和条件。如劳动合同中对此有明确的约定，则按约定；如劳动合同中没有约定，但规章制度中有明确规定的，在规章制度的制定满足民主程序和公示告知程序要求的前提下，适用规章制度的规定。如劳动合同和公司规章制度均没有规定，但劳动者能够证明年终奖发放有一定规律或依据的，也可以按此标准支持。实践中，也有年终奖发放标准不是很明确，仲裁委员会或者法院参考往年发放的金额，依据公平原则，酌情确定年终奖的金额。

员工离职后，是否应当发放年终奖，需要区分不同的情况。员工离职时，年度考核周期已过的，即使公司在劳动合同或者规章制度中有"离职时，年终奖未到发放时间的，不予发放"的规定，但因员工已经完成考核周期的服务，仅因离职时未到支付时间而不支付，则严重损害劳动者权益。此种情况下劳动者关于发放年终奖的诉求仍应支持。考核周期内劳动者主动离职的，则除非有约定或当地有相反的地方性规定，不支付年终并不违法；如用人单位违法辞退员工，裁判机构一般会支持按该周期内的服务时间折算年终奖金额。

常见套路或误区：

一些用人单位会在规章制度或者劳动合同中规定"劳动者离职时，年终奖未到发放时间的，不予发放"。上述规定并不一定合法。也有用人单位为了给自己保留足够的灵活性，不对年终奖进行明确约定，这无疑增加了劳动者主张用人单位支付年终奖时的举证难度。

应对建议：

劳动者要把入职时谈好的待遇落实在纸面上，比如约定在劳动合同中，特别是对于年终奖这类法律没有强制要求的劳动报酬更要明确约定；即使无法写在劳动合同中，也要与用人单位的相关部门明确沟通，并保留证据。

10. 关于社保补缴的"时效"，别再被忽悠了！

> **案例**
>
> 老曹在一家公司工作了10年，用人单位一直没有为他缴纳社保。当他到社保窗口询问此问题时，被告知已经超过2年的补缴期限，所以不能补缴。有人说可申请劳动仲裁，但老曹到仲裁委员会咨询时，又被告知社保不属于劳动仲裁受案范围。这让老曹感到很困惑，公司一直不给他缴纳社保，到底有没有办法维权？

案例评析：

《劳动保障监察条例》第20条规定，违反劳动保障法律、法规或者规章的行为在2年内未被劳动保障行政部门发现，也未被举报、投诉的，劳动保障行政部门不再查处。前款规定的期限，自违反劳动保障法律、法规或者规章的行为发生之日起计算；违反劳动保障法律、法规或者规章的行为有连续或者继续状态的，自行为终了之日起计算。该条共有两款，第 1 款设置了 2 年的时效；第 2 款规定，如果违法行为是连续的，则自行为终了之日才起算 2 年的时效期间。老曹任职的这家公司未给老曹缴纳社保的状态是连续的，那么应从违法行为终止之日起计算 2 年时效期间，基于上述原因社保部门应当受理老曹的问题。用人单位未为员工缴纳社保，不仅违反了法律规定，还可能给员工带来严重的经济损失和生活困扰。

《人力资源社会保障部对十二届全国人大五次会议第 5063 号建议的答复》中对该问题也有明确意见："一、关于追缴时限问题。《劳动保障监察条例》第二十条规定为劳动保障行政执法时效规定，系依据行政处罚法第二十九条规定制定。同时，该条按照行政处罚法第二十九条的规定分为两款，在执法实践中不能仅依照第一款的两年时效规定，还需综合第二款规定，即'前款规定的期限，自违反劳动保障法律、法规或者规章的行为发生之日起计算；违反劳动保障法律、法规或者规章的行为有连续或者继续状态的，自行为终了之日起计算。'判断违法行为是否存在连续或者继续状态以确定劳动保障监察执法时效。但《社会保险费征缴暂行条例》和《社会保险稽核办法》（劳动保障部令第 16 号）均未对清缴企业欠费问题设置追诉期。因此，地方劳动保障监察执法实践中，对用人单位未及时、足额为劳动者办理社会保险，缴纳社会保险费的违法行为，一般按照《劳动保障监察条例》第二十条规定进行追缴和处罚，而地方经办机构追缴历史欠费并未限定追诉期。我们认为，企业欠缴社会保险费侵害参保人员权益，直接削弱基金支撑能力，加重了中央和地方财政负担，影响社会稳定。为此，我们高度重视欠缴清理工作，采取多种措施指导地方做好相关工作，促进基金应收尽收。为维护参保人员社会保险权益，强化征缴清欠工作，经办机构接到超过《劳动保障监察条例》第 20 条第一款 2 年的追诉期投诉后，一般也按程序进行受理。对能够提供佐证材料的，尽量满足参保者诉求，予以解决，以减少企业职工临近退休时要求企业足额补缴欠费的问题发生。"

常见套路或误区：

有些用人单位认为，无论何种情况下，未缴纳社保状态超过2年就不需要补缴，即使劳动者投诉，用人单位也不会被处理。这属于对《劳动保障监察条例》第20条的误解。

应对建议：

对于用人单位：依法为劳动者缴纳社保是一项法定义务。如违法行为是连续的，依据《劳动保障监察条例》第20条第2款就可以处理，即使后来为劳动者补缴了社保，此前的违法行为不一定超过行政执法时效。审判实践并不支持社保补缴有时效的看法，如劳动者提起行政诉讼，劳动保障行政部门以超过时效为由不再查处的，法院并不支持，可能会判决责令劳动保障行政部门履行追缴职责。

对于劳动者：应积极行使自己的权利，及时要求补缴社保。实践中，相比不缴纳社保，未足额缴纳社保的情况更多。是否足额缴纳社保，可以通过查看社保APP中的缴费基数来确定。应缴金额是根据劳动者上一年度的月平均工资来计算的。月平均工资是由基本工资、岗位工资、绩效奖金、年终奖、津贴、补贴等所有收入相加后，再除以12得出的。如果觉得自己不擅长计算，还可以使用个人所得税APP来帮助查询。在这个APP里，点击"收入纳税明细"查询，然后将上一年度的所有收入合计数除以12，得出的就是上一年度月平均工资，也是应缴纳社保的基数。

第四章 休息与休假

　　劳动法律赋予劳动者休息和休假的权利,公司不批病假、安排劳动者休年休假但不带薪,这些都是损害劳动者权益的违法行为。劳动者有必要掌握基本的关于休息与休假的法律规定,以更好地维护自己的权益。

1. 关于法定带薪年休假，劳动者必须要知道的知识！

> **案例**
>
> 2017年12月24日，老曹入职A公司，担任安保助理，双方签订了劳动合同，最后一次劳动合同期限至2022年12月23日止。2020年底老曹的月工资标准调整为6 000元，每月10日左右公司通过银行转账形式支付上个自然月工资。2022年12月23日，公司告知老曹不再续签，双方劳动合同终止。随后，老曹向仲裁委员会申请仲裁，请求A公司支付终止劳动合同的经济补偿以及2018年至2022年间未休年假工资。
>
> 仲裁时，双方就年休假情况发生争议。老曹主张其每年应休年休假15天，2021年度、2022年度未休年休假。就其工作年限，老曹提交的义务兵退出现役登记表复印件载明，老曹于1992年12月入伍，1996年12月1日退役。同时，老曹还提交了自己的原始档案以及B公司出具的工作证明。上述文件可证明老曹确实已经工作满20年。A公司认可义务兵退出现役登记表的真实性，但只认可老曹在其公司的工作年限，称依据公司规定老曹每年应休年休假5天，认可2021年度未休年休假，但已支付未休年休假工资报酬，2022年度已安排老曹休年休假5天。就年休假情况，A公司提交的员工请假单载明：老曹2022年5月7日至2022年5月11日休年休假，申请日期为2022年4月20日。老曹认可员工请假单的真实性。

案例评析：

法定带薪年休假是法律赋予劳动者的权利，休假时享有与正常工作期间相同的工资收入。用人单位应统筹安排职工休年休假，如未能安排，应按该职工日工资收入的300%支付年休假工资报酬。

关于年休假的争议案件，审理中主要有以下焦点：

（1）是否符合享受年休假的条件。

根据《职工带薪年休假条例》，享受年休假的条件是"职工连续工作1年以上"。《企业职工带薪年休假实施办法》第3条规定，享受年休假的条件是"连续工作满12个月以上"。连续工作满1年（12个月）以上，既包括职工在同一用人单位连续工作满12个月以上的情形，也包括职工在不同用人单位连续工作满12个月以上的情形。也就是说，如果能够证明从上一家单位离职后立即入职本单位的，也符合连续工作的要求。

（2）应享受年休假天数。

《职工带薪年休假条例》第3条规定，职工累计工作已满1年不满10年的，年休假5天；已满10年不满20年的，年休假10天；已满20年的，年休假15天。其中"累计"应指工作时间的相加，中断工作的时间予以扣除。

①职工新进用人单位且符合享受年休假条件的，当年度年休假天数，按照在本单位剩余日历天数折算确定，折算后不足1整天的部分不享受年休假，即：（当年度在本单位剩余日历天数÷365天）×职工本人全年应当享受的年休假天数。

②自第二年开始，劳动者的带薪年休假天数按照自然年度计算。

③用人单位与职工解除或者终止劳动合同时，当年度未安排职工休满应休年休假的，应当按照职工当年已工作时间折算应休未休年休假天数并支付未休年休假工资报酬，即：（当年度在本单位已过日历天数÷365天）×职工本人全年应当享受的年休假天数－当年已安排年休假天数。用人单位当年已安排职工年休假的，多于折算应休年休假的天数不再扣回。

本案中，老曹主张应享受每年15天带薪年休假，在案证据表明，老曹累计工作时间已经超过20年，符合《职工带薪年休假条例》的规定，应当享受年休假15天。A公司称老曹每年应休年休假5天是错误的。

（3）未休年休假工资报酬的计算。

用人单位未安排职工休满应休年休假的，应当按日工资收入的300%支付未休年休假工资报酬，其中包含用人单位支付职工正常工作期间的工资收入。折算后不足1整天的部分不支付未休年休假工资报酬。计算未休年休假工资报酬的日工资收入按照职工本人的月工资除以月计薪天数（21.75天）进行折算，这里的月工资是指职工在用人单位支付其未休年休假工资报酬前12个月剔除加班工资后的月平均工资。在本用人单位工作时间不满12个月的，按实际月份计算月平均工资。未休年休假单位应补工资报酬计算公式为：未休年休假天数 × 日工资 ×200%。

（4）未休年休假工资报酬是否已过仲裁时效。

劳动者要求用人单位支付其未休带薪年休假工资中法定补偿（200%部分）诉请的仲裁时效期间为1年，从当事人知道或者应当知道其权利被侵害之日起计算。考虑年休假可以集中、分段和跨年度安排的特点，劳动者每年未休带薪年休假应获得年休假工资报酬的时间从第二年的12月31日起算。此外，劳动者主张用人单位支付其未休年休假工资的，用人单位应当对2年内已安排劳动者休年假或已向劳动者支付未休年休假工资的情况进行举证；如用人单位拒绝举证或举证不充分，则应承担举证不能的不利后果。但超过2年的，由劳动者承担举证责任。上述2年期间，应自劳动者申请仲裁之日严格回溯2年。

本案中，仲裁委员会并未支持老曹对于2020年及之前的未休年休假工资的主张。

常见套路或误区：

关于年休假的误区比较多，如用人单位规定未休年休假以劳动者在本单位的工作年限计算，用人单位规定的年休假天数少于法定天数。还有些用人单位规定"年休假过期不休，就自动作废"。很多劳动者误以为未休年休假200%的补偿属于劳动报酬，仲裁时效自离职之日起计算1年。

应对建议：

关于年休假的问题，《职工带薪年休假条例》和《企业职工带薪年休假实施办法》规定得很明确。劳动者在提起劳动仲裁、确定仲裁请求时，应注意自己有没有未休带薪年休假。如果有的话，可以同时请求用人单位支付未休年休假工资报酬。

除上述案例分析中的四个焦点外，还应注意以下三个问题：

（1）年休假的休假方式一般是由劳动者申请后由单位综合安排，用人单位也可以直接安排劳动者休年假。年休假在一个年度内可以集中安排，也可以分段安排，一般不跨年度安排。单位因生产、工作特点确有必要跨年度安排职工年休假的，可以跨一个年度安排。

（2）证明工作时间的证据：《企业职工带薪年休假实施办法》第4条中的"累计工作时间"，包括职工在机关、团体、企业、事业单位、民办非企业单位、有雇工的个体工商户等单位从事全日制工作期间，以及依法服兵役和其他按照国家法律、行政法规和国务院规定可以计算为工龄的期间（视同工作期间）。劳动者的累计工作时间可以根据档案记载、单位缴纳社保费记录、劳动合同或离职证明、工作证明及工资流水等具有法律效力的证明材料确定。

（3）劳动合同、集体合同约定的或者用人单位规章制度规定的年休假天数、未休年休假工资报酬高于法定标准的，用人单位应当按照有关约定或者规定执行。

2. 请病假的应注意事项！

> **案例**
> 老曹是一名勤奋的员工，但最近他因常年伏案工作患上颈椎病，需要请病假进行治疗。老曹在某日跟领导开会时口头说了一下第二天需要就医休病假的事，然后就准备休息一周再去上班，结果三天后就收到公司关于他连续旷工三日要辞退他的通知。虽然老曹有医院开具的正规病假条，但没有任何证据证明他向公司请了病假。

案例评析：

员工生病请休病假是一项正当权益，但应尽量按照公司规章制度规定的流程来请假。本案在仲裁时，老曹的领导不肯出庭为老曹作证，甚至称没有听到过老曹说要请病假。老曹认为自己跟领导请假就可以了，根本就没想到万一发生争议，还需要证据证明。

常见套路或误区：

误区一：认为休病假是一种请求而不是权利。实际上，如果劳动者有正规的病假条，那么休病假是他的权利。

误区二：仅持有病假条就可以不上班。劳动者还需要按照用人单位的流程请假，这不是请求同意，而是履行告知的义务。

误区三：只口头告知领导，请假没有留下任何证据。这可能导致在发生争议时，劳动者没有任何证据来证明自己已经请假。

应对建议：

用人单位应该明白休病假是劳动者的权利。当有正规病假条时，用人单位应当允许劳动者休病假。

劳动者应按照用人单位的请假流程请休病假，有告知用人单位的义务。

请假时，劳动者不要仅口头告知，还应当留下书面证据。如用人单位要求在办公系统提交请假申请，则须按要求提交；如情况紧急，可以先通过微信告知领导请假的时间和原因，在能通过正式流程提交时要第一时间提交。

3. 劳动者如何主张病假工资与医疗补助费？

> **案例**
>
> 老曹在一家体育用品公司做销售，爬山时意外受伤需要长时间休假治疗。休了1年病假后老曹仍没有完全康复，而他的劳动合同期即将到期。用人单位表示，合同到期后不再续签，但可以支付一些经济补偿。老曹希望能获得更多补偿。他认为公司发的病假工资低于最低工资标准是违法的，希望公司补发，并再发放6个月的医疗补助费。

案例评析：

（1）关于病假工资。

《关于贯彻执行〈中华人民共和国劳动法〉若干问题的意见》第59条规定，职工患病或非因工负伤治疗期间，在规定的医疗期间内由企业按有关规定支付其病假工资或疾病救济费，病假工资或疾病救济费可以低于当地最低工资标准支付，但不能低于最低工资标准的80%。劳动合同或规章制度对病假工资有规定的，在不违反法律规定的最低工资标准的情况下，依其约定或规定执行。法律规定的最低工资标准，不同地区差异较大。《北京市工资支付规定》第21条规定，劳动者患病或者非因工负伤的，在病休期间，用人单位应当根据劳动合同或集体合同的约定支付病假工资。用人单位支付病假工资不得低于本市最低工资标准的 80%。

有些城市病假工资的规定更复杂一些。以上海市为例，依据上海市相关部门《关于病假工资计算的公告》第 1 条，职工疾病或非因工负伤连续休假在 6 个月以内的，企业应按下列标准支付疾病休假工资：①连续工龄不满 2 年的，按本人工资的 60% 计发；②连续工龄满 2 年不满 4 年的，按本人工资的 70% 计发；③连续工龄满 4 年不满 6 年的，按本人工资的 80% 计发；④连续工龄满 6 年不满 8 年的，按本人工资的 90% 计发；⑤连续工龄满 8 年及以上的，按本人工资的 100% 计发。职工疾病或非因工负伤连续休假超过 6 个月的，由企业支付疾病救济费：①连续工龄不满 1 年的，按本人工资的 40% 计发；②连续工龄满 1 年不满 3 年的，按本人工资的 50% 计发；③连续工龄满 3 年及以上的，按本人工资的 60% 计发。

（2）关于医疗补助费。

由于明确规定"6 个月医疗补助费"的《违反和解除劳动合同的经济补偿办法》已经失效，关于"医疗补助费"，实践操作中有诸多差异。

①主张医疗补助费，一般要求以劳动能力鉴定为前提。《关于贯彻执行〈中华人民共和国劳动法〉若干问题的意见》第 35 条规定，"请长病假的职工在医疗期满后，能从事原工作的，可以继续履行劳动合同；医疗期满后仍不能从事原工作也不能从事由单位另行安排的工作的，由劳动鉴定委员会参照工伤与职业病致残程度鉴定标准进行劳动能力鉴定。被鉴定为一至四级的，应当退出劳动岗位，解除劳动关系，办理因病或非因工负伤退休退职手续，享受相应的退休退职待遇；被鉴定为五至十级的，用人单位可以解除劳动合同，并按规定支付经济补偿金和医疗补助费。"2022 年针对因病和非因公伤残有了专门的鉴定标准《职工非因工伤残或因病丧失劳动能力

程度鉴定标准（试行）》，将原工伤鉴定标准中的 1 至 4 级和 5 至 6 级伤残程度分别列为本标准的完全丧失劳动能力和大部分丧失劳动能力。

②用人单位支付医疗补助费一般仅适用于《劳动合同法》第 40 条第 1 款规定的医疗期满解除劳动合同的情形，实践中也有劳动合同期满支付医疗补助费的判例，但劳动者自己辞职或双方协商一致解除劳动合同不需要支付医疗补助费。

③医疗补助费一般不低于 6 个月工资。原劳动部《对〈关于因病或非因工负伤医疗期管理等若干问题的请示〉的复函》第 3 条规定，患病职工在合同期满终止劳动合同时，用人单位应当一次性支付劳动者不低于 6 个月工资的医疗补助费。对于患重病或绝症的职工，用人单位可以适当增加医疗补助费。对于增加的部分，可以参考重病增加 3 个月、绝症增加 6 个月的标准。青岛市和湖北省均有此类规定。这里的月工资一般是按劳动者解除或者终止劳动合同前 12 个月的平均工资收入计算，与经济补偿金的计算基数一致。

常见套路或误区：

用人单位通常用下列理由拒绝支付医疗补助费：

（1）规定医疗补助费的《违反和解除劳动合同的经济补偿办法》已经失效。

（2）已经支付经济补偿金的就不需要再支付医疗补助费。

（3）支付医疗补助费并非强制，可以支付也可以不支付。

（4）劳动者未做劳动能力鉴定。

对于劳动者来说，还有个误区，就是未做劳动能力鉴定即提起仲裁（或诉讼）主张医疗补助费，在目前的实践中，该项请求容易被驳回。

应对建议：

尽管《违反和解除劳动合同的经济补偿办法》已经失效，但规定医疗补助费的法律法规及地方规定仍有很多，劳动者在主张医疗补助费时应重点关注当地的规定，依法律规定去和用人单位谈判成功率更高。如用人单位拒不支付，劳动者可以申请劳动仲裁维护权益。

用人单位如与劳动者就病假工资约定的是按最低工资标准的80%支付，那么，对于长期休病假的劳动者，其医疗补助费的金额会大大降低。

第五章　调岗、降薪与待岗

调岗、降薪和待岗在实践中容易引起争议，常使劳资双方处于拉锯中，甚至导致劳动关系的解除，引发仲裁和诉讼。面对调岗、降薪、待岗，是接受还是不接受，常让劳动者陷入两难。

1. 调岗调薪，不得损害劳动者的合法权益！

案例

老曹于 2017 年 6 月 6 日入职 A 公司，双方签订了 1 年期的劳动合同，合同到期后续签，起止日期为 2018 年 7 月 1 日至 2021 年 6 月 30 日。老曹的工作岗位为操作工，其在 2018 年 6 月之前从事过喷漆工作，此后，老曹便从事铆工、点焊等工作。2021 年 3 月，A 公司以"精简人员编制，压缩和控制成本"，老曹的"岗位/编制已被取消"，双方"签订劳动合同时所依据的客观情况发生重大变化，致使劳动合同无法继续履行"为由，提出将老曹的工作岗位由铆工变更为保洁，并将老曹的月工资调整为 2 300 元，老曹未同意；2021 年 4 月 1 日，A 公司在通知工会后，以双方订立劳动合同时所依据的客观情况发生重大变化，致使劳动合同无法继续履行，经协商变更劳动合同未达成一致为由向老曹送达了解除劳动合同通知书，与老曹解除了劳动合同。

老曹主张 A 公司在与其解除劳动合同之前还在招工，A 公司不存在经营困难，即便存在经营困难也应该优先留用工作时间较长的员工。老曹认为 A 公司与其解除劳动合同的真正原因是规避与其签订无固定期限劳动合同，且其处于有毒有害的工作环境，可能患有职业病，A 公司与其解除劳动合同是违法的。A 公司对老曹的上述主张不予认可。

2022 年 1 月，老曹向当地劳动人事争议仲裁委员会申请仲裁，请求 A 公司支付违法解除劳动合同赔偿金。

案例评析：

用人单位对劳动者进行调岗调薪，属于变更劳动合同的情形，原则上应当与劳动者协商一致。如果双方无法协商达成一致，用人单位通常不能单方面调岗调薪。如果客观情况发生重大变化，致使劳动合同无法履行，用人单位可以与劳动者就调岗进行协商，无法达成一致的，用人单位可以解除与劳动者的劳动合同，同时支付给劳动者一定的经济补偿。此外，劳动合同中约定的薪酬未经双方协商一致不得变更，但是用人单位根据自身经营状况给劳动者发放的奖金可以变动，因为发放多少奖金用人单位可以自主决定。

本案中，A公司根据自身经营状况对老曹进行调岗调薪，应当遵循《劳动合同法》第35条规定的协商一致的原则，协商不成的情况下，用人单位不得擅自变更劳动合同内容。A公司并未提供证据证明其存在导致劳动合同无法履行的客观情况，因此，A公司在未与老曹协商一致的情况下即调整老曹的岗位及薪资并不符合法律规定。A公司以经协商变更劳动合同未达成一致为由向老曹送达解除劳动合同通知书、与老曹解除劳动关系亦不符合法律规定。因此，A公司的上述行为属于违法解除劳动合同，应当向老曹支付违法解除劳动合同赔偿金。

常见套路或误区：

工作岗位和薪资是劳动合同中的重要内容，用人单位常以其属于经营管理自主权为由，对劳动者的岗位甚至薪酬进行调整。例如，在劳动合同中预设条款约定用人单位可以根据经营管理需要调整劳动者的工作岗位和薪酬，即薪随岗变。

应对建议：

用人单位调整劳动者的工作岗位，原则上应当与劳动者协商一致，征得劳动者同意。即使客观情况发生重大变化（如企业关停并转）致使原合同无法履行，也要与劳动者协商，如协商不能达成一致，则可以解除劳动合同并给予经济补偿，对劳动者硬性调岗很容易引发劳动争议。

对于劳动者不能胜任工作的情况，用人单位原则上可以对劳动者进行单方调岗，但岗位的调整应当结合劳动者自身经验、职业发展，调岗不应当有侮辱性。

2. 跨单位"调岗"，还是"调岗"吗？

小案例

A集团旗下拥有多家子公司。凭借自己的专业技能，老曹在A集团公司得到了多次晋升机会，成为技术部门的重要骨干。2020年初，A集团决定将部分核心技术员工调往A科技公司。老曹成为被选中的员工之一。A集团公司并未向老曹详细说明为何调动，只是简单地告知老曹这是一次"内部调动"。

对于这次调岗，老曹并不抗拒。一方面，他对A集团的深厚情感和信任让他选择接受调岗；另一方面，他也期待在新的环境中得到更好的职业发展。但是，现实并不如他所愿。A科技公司的一个关键项目由于市场和技术原因最终失败。这导致A科技公司在2022年面临巨大的经营压力，甚至濒临破产。老曹希望回到熟悉的A集团继续工作，在与人力资源部沟通后，他得知自己回不去了，因为老曹来A科技公司前曾经签署过一份《三方调岗协议》，其中有一条规定"同意将劳动合同主体换签为A科技公司"。这意味着，在A集团公司不同意调回的情况下，老曹再主张回到A集团公司工作，从法律上难以实现。老曹最初以为是"调岗"，最后变成了"跳槽"。

案例评析：

用人单位有权对劳动者进行岗位调整，但这种调整必须基于双方的明确沟通和协商。本案中，A集团公司所谓"调岗"实际上是关联公司之间的调动。虽然用人单位的做法欠妥，没有明确提示老曹调岗的同时劳动合同主体也会变更，但签署《三方调岗协议》时老曹理应知晓自己的劳动合同主体已经变更成A科技公司，从法律上讲自己就是A科技公司的员工。从证据角度看，老曹签署的《三方调岗协议》会被认定为老曹"自愿"与A科技公司建立劳动关系。

常见套路或误区：

"内部调动"误导：用人单位可能通过"临时调岗"或"内部调动"等方式，暗中变更劳动合同主体，使劳动者对自己的权益产生误解。

未充分认知子公司的风险：很多劳动者认为，母公司的稳定性会延伸到子公司。但实际上，每个子公司都有其独立的经营风险。

对劳动合同的忽视：有些劳动者在签订或变更劳动合同时，对合同内容缺乏关注，这可能导致他们的权益受损。

应对建议：

细读要签署的协议：签署或变更劳动合同时，务必关注合同中的主体、岗位等关键条款。

询问调岗细节：当面临调岗时，主动与用人单位沟通，了解调岗的真正原因及可能带来的变化。

与上级单位保持联系：在下级单位工作期间，定期与上级单位沟通，确保自己的职业发展不受阻碍。

如愿意接受跨单位调岗，但不希望变更劳动合同，可以与单位协商不变更劳动合同主体，先以借调的方式到新单位工作，以便有时间看清形势，再作决定。

3. 劳动者如何应对口头调岗、口头降薪？

案例

老曹已在 A 公司工作 5 年，是技术部的资深工程师，年薪 40 万元。2022 年 5 月 2 日，由于公司内部战略调整，以及市场部人手不足，公司高层决定将老曹调至市场部。这一决定是在公司一次例行的早会上临时宣布的，即所谓的"口头通知"。老曹对这突如其来的决定感到非常震惊和不满，但会后并未第一时间提出异议，之后直到 6 月份发薪日，他发现自己的薪酬减少了 20%。

老曹询问人力资源部，希望得到一个合理的解释，但得到的回复仅是："公司业务需要，你现在是市场部员工，薪资按市场部的标准发放。"协商无果后，老曹决定向劳动人事争议仲裁委员会申请仲裁，要求 A 公司支付其薪酬差额。仲裁过程中，老曹出示了其与 A 公司签订的劳动合同，合同明确约定了他的岗位和薪酬。A 公司未能提供任何书面证据证明与老曹就调整岗位和薪酬达成了协议。最终，仲裁委员会裁定支持了老曹的请求。

案例评析：

薪资和岗位均是劳动合同的必要条款，关于劳动合同内容的变更通常须双方协商一致，并书面确认。本案中，A 公司未能提供书面证据证明其与老曹达成了调岗、降薪的协议，并在无协议的情况下擅自降低老曹的薪资，这是违法的，A 公司应支付老曹薪资差额。

常见套路或误区：

许多用人单位在进行内部调整时，常以"用人单位业务需要"作为调岗、降薪的理由。实际上，调岗、降薪应同时考虑用人单位的管理权和劳动者的合法权益。一般情况下，除非征得劳动者的书面同意，否则用人单位不得擅自更改劳动合同的主要内容。以口头同意替代书面同意的做法存在极大的法律风险。

应对建议：

劳动者一旦收到调岗或降薪的口头通知，应立即口头表示自己不同意，还应及时保留与此相关的证据，如工资单等，以便后续使用。

若用人单位单方面作出调岗或降薪决定，劳动者无法接受时应立即明确表示反对，及时提出异议并保留相关证据。

劳动者与用人单位达成调岗或降薪协议后，务必审慎阅读协议内容，确保未受到欺诈或误导。

若用人单位单方面降低工资，劳动者可考虑向劳动人事争议仲裁委员会提起仲裁，要求用人单位支付工资差额。

对于调岗，原则上需要双方协商一致，但也有例外，在实际操作中要灵活，劳动者一味对抗容易被单位以不服从工作安排为由辞退。

4. 用人单位可以随意安排竞聘的落选者吗？

> **小案例**
>
> 老曹于2012年4月9日进入某公司工作。2019年12月1日，老曹与公司签订了无固定期限劳动合同，约定年薪为35万元，任运营管理部副经理一职。2019年12月20日，公司为了提高管理效率和激励管理层，发布了《关于达成管理岗位引入竞争激励机制共识的倡议书》。此倡议书的核心内容是，基层与中层管理岗位会进行公开竞聘，竞聘结果可能会引发现有管理团队的

岗位调整及薪酬变化。公司希望员工能够以开放、正向的心态去接受这一变革，并根据竞聘的结果配合公司的相关安排。老曹申请竞聘运营管理部经理。2019年12月27日，老曹得知自己竞聘失败。

2020年3月13日，公司向老曹发出了岗位调整通知书。通知书中明确指出，因为老曹在此次竞聘中失败，他的岗位从运营管理部副经理调整为运营分析师。更令老曹没想到的是，他的年薪从原来的35万元降到18万元。老曹在2020年4月30日向公司提出，因为公司单方面调整了他的岗位和薪酬，他决定依据《劳动合同法》第38条规定解除与公司的劳动合同，并提起了要求支付工资差额和经济补偿的仲裁申请。

仲裁委员会在审理此案后，支持了老曹要求公司支付工资差额的请求，但是并没有支持他的经济补偿要求。

老曹不服，起诉到法院。法院一审判决认为，公司调岗并降薪的行为缺乏合法性和合理性，应支付给老曹工资差额和经济补偿金。

案例评析：

首先，从用人单位的角度来看，进行内部竞聘是一种常见的管理手段，其目的是激发劳动者的积极性和创造性，提高用人单位的管理效率，但必须确保整个过程的公平性、透明性和合法性。

从老曹的情况来看，虽然他参与了内部竞聘并且失败，但公司在竞聘前并没有明确告知老曹，如果竞聘失败，他的岗位和薪酬会受到什么影响。对落聘的劳动者能否调整岗位，在实践中有一定争议。本案中，公司单方面调整了老曹的岗位和薪酬，并且在竞聘前没有明确告知老曹竞聘不成功的后果，公司的这一行为被法院认定为违法。

参与用人单位的内部竞聘是劳动者的权利，但劳动者也应该清楚竞聘的可能结果和风险。老曹在参与竞聘时，可能并没有充分考虑自己的实际情况和竞聘的风险。

总的来说，用人单位在调整员工的岗位和薪酬时，应该充分考虑到劳动者的权益，确保自己行为的合法性、合理性和正当性；劳动者在参与公司的内部竞聘时，也应该充分考虑到自己的实际情况和竞聘的风险，避免冒进。

常见套路或误区：

内部竞聘的误区：很多用人单位认为内部竞聘是一种有效的管理手段，对于落聘者，可以随意调整岗位。

薪酬调整的误区：用人单位对落聘者调整岗位后，常以"薪随岗变"为由降低劳动者工资。这种做法不仅违反了法律的相关规定，而且可能削弱劳动者的积极性和忠诚度，对用人单位的长远发展造成不良影响。

应对建议：

劳动者遇到企业内部竞聘时，要充分考虑风险，了解竞聘的范围和政策，是全员竞聘还是个别岗位竞聘，如竞聘失败，自己还能否回到原岗位，是否会对自己的薪酬产生不利影响。如是全员竞聘或者自己现岗位也在竞聘之列，且竞聘失败，很可能会被安排待岗或者被安排到不理想的岗位上去，因此需要综合考虑后再决定是否参加竞聘。

5. 对于正常的岗位调整，劳动者可以不同意吗？

> **案例**
>
> 老曹在 2007 年 1 月加入某公司，成为总务人事课的总务人事系长。7 年后，即 2014 年 1 月，他与公司签订了无固定期限劳动合同。2021 年 7 月 26 日，公司决定调整其工作岗位，将他从总务人事课调至生产管理课，工资待遇不变。对于这次调动，老曹感到十分不满。他认为，自己多年的工作经验和在总务人事课的积累被轻易忽略。尽管公司多次向老曹发出调动指示和警告信，他仍坚持不服从。公司的《员工就业规则》明确指出，"无正当理由不服从工作分配、调动或工作态度不端正，怠于完成公司指定的工作"属于三级过失行为。员工若出现一级过失、累计两次二级过失或累计三次三级过失，企业有权予以解雇，并且不需要支付任何经济补偿。
>
> 根据这一规定，当老曹在收到第二次警告及调动指示后仍不遵守时，公司于 2021 年 8 月 27 日向其发出《惩罚解雇通知书》，并按规章制度解除与他的劳动关系。老曹对此深感不公，遂申请劳动仲裁，要求公司支付违法解除劳动合同赔偿金 30 万元。但是，仲裁委员会驳回了他的请求。老曹又诉至法院。然而，法院仍驳回了老曹的诉讼请求。

案例评析：

劳动者对工作岗位的调整可能存在抵触情绪，尤其当他们对自己的工作有深厚情感和认同时。但从法律角度来看，用人单位合理调岗是其合法行使管理权的体现。本案中，公司的调岗决策并没有降低老曹的工资待遇，也没有歧视性或侮辱性。老曹拒绝调岗的行为，从法律和公司规章制度的角度看，都缺乏合理性。

以下类型的调岗，常被认定为合法：

（1）基于公司生产经营的需要。

（2）医疗期满后的调岗。根据《劳动合同法》第40条第1项，劳动者患病或者非因工负伤，在规定的医疗期满后不能从事原工作，用人单位可以另行安排工作。

（3）不能胜任工作的调岗。根据《劳动合同法》第40条第2项，劳动者不能胜任工作，可以进行调岗。

（4）保护孕期女职工的调岗。根据《女职工劳动保护特别规定》第6条第1款，女职工在孕期不能适应原劳动的，用人单位应当根据医疗机构的证明，予以减轻劳动量或者安排其他能够适应的劳动。

（5）保护职业病患者的调岗。根据《职业病防治法》第56条，用人单位对不适宜继续从事原工作的职业病病人，应当调离原岗位，并妥善安置。

（6）以行为默认方式承认的调岗。最高人民法院《关于审理劳动争议案件适用法律问题的解释（一）》第43条规定，用人单位与劳动者协商一致变更劳动合同，虽未采用书面形式，但已经实际履行了口头变更的劳动合同超过1个月，变更后的劳动合同内容不违反法律、行政法规且不违背公序良俗，当事人以未采用书面形式为由主张劳动合同变更无效的，人民法院不予支持。

常见套路或误区：

有的劳动者认为只要是调岗必须协商一致，这种想法是错误的。用人单位根据生产经营需要正常进行的岗位调整，体现了用人单位的生产经营主权。

应对建议：

了解调岗原因：劳动者被调岗时，首先应与上级或人力资源部沟通，了解调岗的原因，避免产生误解。

不要无理由拒绝合理调岗：当用人单位基于现行法律和规章制度进行合理调岗时，劳动者不要轻易进行对抗，以免被认定为不服从工作安排而被辞退。

6. 对于恶意调岗，劳动者是否可以说"不"？

案例

2020年的某一天，老曹突然收到公司的调岗通知，其中提到由于公司的组织架构调整，老曹的部门经理岗位即将被撤销，公司把他调整到客服岗位。这对老曹来说无疑是一个巨大的挑战。这意味着他多年的努力和付出都将付诸东流，面子上也过不去。老曹多次尝试与公司协商，均未能与公司达成共识，于是老曹始终没有到新岗位报到。公司最终决定以"旷工"为由解除与老曹的劳动合同。然而，老曹表示对公司的这一决定无法接受，提起仲裁并要求公司支付60万元违法解除劳动合同赔偿金。老曹认为，公司此前就已有裁员的打算，这次的"组织架构调整"不过是公司裁员的借口，目的是逼迫他离职。

公司为了证明自己的决策是合理的，强调由于连续多年的亏损，于2017年决定改变经营策略，原先的直营模式转变为中间商模式，撤销老曹的职位实属迫不得已。仲裁委员会经审理，裁决公司应向老曹支付违法解除劳动合同赔偿金56万元。

案例评析：

公司对老曹的调岗显然缺乏合理性和公正性。本案中，老曹所在部门仅调整了老曹一人的工作岗位，那么公司调岗的前提不成立；另外，从经理岗调到客服岗，会造成老曹职务降低，收入大幅下降，调整后的岗位不合理。

常见套路或误区：

在现实生活中，有些用人单位利用各种手段进行恶意调岗，以此达到解除劳动合同的目的。

很多劳动者明知调岗不合法，事到临头却选择默默忍受或者直接辞职。调岗可能只是一种套路，是用人单位通过给劳动者施压，迫使劳动者主动辞职，从而避免支付赔偿金。

应对建议：

探查调岗的真实原因：当接到调岗通知时，劳动者首先要了解调岗的真实原因，包括用人单位的组织架构是否确实发生了变化、所在部门的运营状态等。

收集证据：一旦认为用人单位恶意调岗，劳动者应及时收集相关证据，如电子邮件、通知、聊天记录等。

及时提出异议：在明确自己的权益受到侵害后，劳动者要及时向用人单位提出异议，主动协商，以免被视为默认调岗决定。

拒绝不合理要求：当用人单位提出不合理的要求时，例如要求劳动者接受较低的工资，劳动者有权拒绝。

被迫解除：如用人单位违法调岗，劳动者亦可选择依据《劳动合同法》第38条"未按照劳动合同约定提供劳动保护或者劳动条件"为由解除劳动合同并请求支付经济补偿金。

尽管证明客观情况发生重大变化的责任在用人单位，但劳动者也应积极收集相关证据，如法律政策未发生变化、用人单位经营模式保持不变、原岗位仍然存在等证据。

7. 工作地点被调整，劳动者不想去怎么办？

> **案例**
>
> 老曹在2015年加入了一家连锁酒店，担任分店副店长。根据与公司签订的劳动合同，老曹的工作地点由公司根据实际情况确定，若因工作或岗位调整须调动至其他地点工作，老曹应无条件服从公司的工作安排。公司还制定了《店长手册》，强调店长须根据公司的经营策略接受合理的工作调动，不得拒绝。
>
> 在职期间，老曹主要在北京市区的分店工作。2016年，公司决定将老曹调往天津担任店长，并通过邮件通知了他。老曹回复邮件，表示因家庭原因需要照顾两岁小孩，无法前往异地工作，并希望公司能够体谅其情况，将工作安排在北京。但公司坚持调动决定，要求老曹尽快到岗。老曹未能按照公司要求到天津工作，公司认为其行为属于严重违纪，遂解除与老曹的劳动合同。老曹不服，提起仲裁，请求公司支付违法解除劳动合同赔偿金。

案例评析：

仲裁委员会经审理认为，虽然公司有权根据经营需要对员工工作地点进行调整，但调整应当合理，不得侵犯员工的合法权益。本案中，老曹在北京有固定的居住和生活环境，照顾幼儿的责任使其难以前往异地工作。公司在北京有多家分店，完全可以安排老曹在北京工作，而无须调往天津。公司未充分考虑老曹的合法权益，其解除劳动合同违法，故仲裁委员会支持了老曹的仲裁请求。

本案中，公司对老曹进行调岗显然缺乏合理性和公正性。公司给出的调整组织架构的理由很牵强，很难让仲裁委员会相信。老曹所在的部门仍然存在，说明公司解除劳动合同的理由是站不住脚的。

从法律角度来看，用人单位确实有根据经营需要调整员工的工作地点的权利，但这种权利的行使必须建立在合理和不侵犯员工合法权益的基础上。本案中，公司在对老曹进行异地调动时，未充分考虑其家庭情况和实际困难，未提供必要的协助或利益补偿，这种做法显然是不妥当的。

常见套路或误区：

在劳动合同的履行过程中，一些用人单位往往片面强调自己的权益，忽视或侵犯劳动者的合法权益。常见的误区包括：用人单位认为自己有绝对的用工自主权，可以随意调整劳动者的工作地点；只要劳动合同中有相关约定，劳动者就必须无条件服从。

应对建议：

当涉及劳动者的工作地点调整，特别是异地调动时，用人单位除了要考虑经营需要，还应充分考虑劳动者的家庭、生活和其他实际情况。对于有特殊困难的劳动者，用人单位应当给予照顾和支持，如提供搬迁补助、临时住所等。

对于劳动者而言，在签订劳动合同时，应仔细阅读合同条款，了解并接受其中的各项约定，特别是与工作地点、工作内容等有直接关系的条款。如有异议，要与用人单位进行充分沟通，表达自己的诉求，争取达成双方都能接受的解决方案。

如果沟通无果，在用人单位违法调整工作地点的情况下，劳动者可以依据《劳动合同法》第 38 条（用人单位不提供劳动条件）解除劳动合同，并请求支付经济补偿金。

8. 遭遇违法待岗，劳动者该如何应对？

> **案例**
>
> 老曹是北京市某公司人力资源中心招聘经理，2016年1月1日与公司签订无固定期限劳动合同。2018年4月，该公司因业务萎缩及技术升级改造，决定对部分岗位进行调整和优化，老曹的岗位就在被优化之列。公司多次与老曹协商，提议调整老曹的岗位或降低其工资，老曹均未同意。最终，公司向老曹发出《待岗告知书》，通知老曹自2018年5月1日起待岗，公司按北京市最低工资标准的70%支付其基本生活费。老曹不认可此决定，主张公司此举侵犯了其劳动权益。劳动仲裁败诉后，老曹将公司告上法庭，请求支付待岗期间的工资差额1.7万元。一审法院判决公司行为无法律依据，应支付老曹实际待岗期间的工资。

案例评析：

公司称业务和技术调整导致部分岗位的变动，老曹原有的岗位被公司"优化"。双方协商未果的情况下，老曹被安排待岗。从公司的角度看，业务变动导致的岗位调整是为了生存和发展，但对于老曹来说，这无疑是对其劳动权益的侵害。公司以业务萎缩及技术升级改造为由要求老曹待岗，并且未征得老曹同意，这是违法的。尽管公司有经营自主权，但在行使用工管理权时，要受到法律的限制。公司生产经营困难并且达到停工停产的严重程度，无法提供岗位时，才可以安排待岗。

常见套路或误区：

利用待岗避免赔偿：针对工作年限长、工资高的劳动者，利用待岗制度，避免支付高额赔偿，这是对劳动者权益的侵犯。

应对建议：

从用人单位角度：

（1）合规操作：用人单位应遵守法律法规，确保各类人事变动在法律法规允许的范围内进行。

（2）加强沟通：在决策之前，与受影响的劳动者进行深入沟通，寻求双方都能接受的最佳解决方案。

（3）关心劳动者：即使进行业务调整，用人单位也应关心劳动者的职业发展，提供培训或转岗的机会。

从劳动者角度：

（1）积极协商：与用人单位保持沟通，对工作变动要持积极态度，可以考虑调岗或培训，以适应新的工作环境。

（2）协商无果：遇到用人单位恶意安排待岗时，双方劳动关系可能就无法长久持续，建议在待岗期间寻求新的工作机会；不要直接申请辞职，可以不提供劳动条件、未及时足额支付劳动报酬为由通知用人单位解除劳动合同，这样还可以争取待岗期间的工资差额及经济补偿。

第六章　不能胜任工作

用人单位有权解除与不能胜任工作的劳动者之间的劳动合同，但要严格按照法律规定的条件和程序来，并且应当依法支付经济补偿。《劳动合同法》第40条第2项规定，劳动者不能胜任工作，经过培训或者调整工作岗位，仍不能胜任工作的，用人单位提前30日以书面形式通知劳动者本人或者额外支付劳动者1个月工资后，可以解除劳动合同。

1. 当"不能胜任工作"成为解雇理由，劳动者如何维权？

> **案例**
>
> 老曹在某用人单位已经工作两年，最近，领导跟他谈话，认为他不能胜任现在的工作，想与他解除劳动合同。老曹认为自己已经在这个岗位上干了两年，完全可以胜任工作。领导拿出他上个季度的绩效考核结果，考核等级为D档，即"不能胜任当前岗位"。老曹不认可考核结果，认为自进入公司以来，他多次完成公司分派的任务，在某些方面还优于其他同事。解除劳动合同的事情没有谈拢，老曹接到了公司的单方解除劳动合同通知。

案例评析：

用人单位以"不能胜任工作"为由解除劳动合同，有以下三个关键点：第一，劳动者是否存在不能胜任工作的事实。第二，在劳动合同解除前，用人单位是否对劳动者进行了培训或者调整工作岗位。第三，培训或者调岗后，劳动者是否仍不能胜任工作。只有满足以上三个条件或程序，用人单位才可合法解除劳动合同，且在发生仲裁或诉讼时用人单位应提供证据证明上述三点。

《关于〈中华人民共和国劳动法〉若干条文的说明》第26条规定，不能胜任工作是指不能按要求完成劳动合同中约定的任务或者同工种、同岗位人员的工作量。用人单位不得故意提高定额标准，使劳动者无法完成。实际上，这仍然是原则性的规定。对于计件工以及有劳动定额的工种，岗位标准比较易确定；对于有目标任务的工作岗位，也可以通过签订目标责任书、业绩协议等方式来确定岗位标准，但业绩目标须合理设置。对于没有明确标准可衡量的岗位，则需要细化岗位职责。因此，用人单位应有客观、合理的绩效考核制度。以不能胜任工作为由解除劳动合同，用人单位需要先后两次证明员工不能胜任工作，难度是很大的。

用人单位对劳动者进行培训还是调岗均符合法律要求，但培训或调岗不可或缺。用人单位未经培训或调岗就以不能胜任工作为由直接辞退员工，一定会被认定为违法解除劳动合同。本案中，公司以老曹"不能胜任工作"为由解除劳动合同，但在此之前并未对老曹进行正规的培训或调岗，这显然是不合法的。另外应注意，培训需要从履行岗位职责本身的要求出发，不能是泛泛的培训；调岗则一般需要员工配合，如员工拒绝到新岗位履职，则无法完成后续的考核，只能再进行培训。

常见套路或误区：

用人单位在以不能胜任工作为由解除劳动合同时，常存在以下套路或误区：

第一，对不能胜任工作的判断过于主观。在用人单位的日常管理中，某个劳动者不能胜任工作这一信息一般来自该劳动者的领导，这类判断通常是基于主观感受，但在法律上，不能依靠主观感受，而应依据客观的标准和证据来判断劳动者能否胜任工作。

第二，忽略此类情形下用人单位单方解除劳动合同的法定程序要求，对劳动者不培训也不调岗，直接单方通知辞退。

第三，培训流于形式，没有针对性，与劳动者本职工作内容不相关，仅为了解除劳动合同而走程序。

第四，岗位调整很不合理，劳动者拒绝调岗，双方陷入僵局。

第五，为了证明劳动者"不能胜任工作"，故意设置过高的目标或考核标准。

应对建议：

法律规定用人单位要进行"培训"或"调岗"的目的，是希望劳动者经过培训可以提升技能以满足岗位要求，或者调整到适合的岗位上，从而能够继续履行劳动合同。因此，用人单位在培训或调岗时也应基于上述理念，不应以解除劳动合同为目的进行培训或调岗。

劳动者在提升自身能力的同时，应注意收集工作成果、工作业绩等相关证据来证明自身能力符合岗位要求。劳动者在签署绩效协议或目标责任书时，要尽量争取设置合理的目标。在被调岗时，要注意调岗是否合理，避免被调至不适合自己的岗位。

2. 面对不合理的绩效考核，劳动者如何维权？

> **案例**
>
> 老曹在一家公司工作多年。2021年4月2日，公司为老曹设置的月度任务额为100单，但其他员工的任务额为89~97单。老曹认为这种设置不公平，于是向上级领导反映此情况，不料领导未做实质性的反思，反而将老曹的任务额提升到120单、其他员工的任务额下调至83~90单。很显然，老曹是被针对了。4月底，老曹只完成了85单，未达到领导设置的绩效目标。公司以此为由将老曹调整到行政岗。老曹认为考核目标及岗位调整均不合理，之后公司以老曹不能胜任工作为由将老曹辞退。老曹遂申请仲裁，要求公司支付违法解除劳动合同赔偿金。

案例评析：

公司在仲裁过程中未能针对老曹突增的任务额给出合理解释。仲裁委员会对公司的绩效考核方式、老曹考核目标的变动原因、老曹与其他员工任务额的巨大差异进行了询问，公司未提供合理的解释。因此，仲裁裁决认定公司属违法解雇老曹，应支付赔偿金。

实践中，对于用人单位给出的不理想的绩效考核结果，劳动者通常不予认可。如劳动者未在绩效考核结果上签字，用人单位就依据该考核结果认定劳动者不能胜任工作，进而解除劳动合同的，在仲裁（诉讼）中，仲裁委员会（法院）通常会对考核是否合理进行审查，并结合案情来综合判断。

常见套路或误区：

用人单位有时会出于各种原因不合理地提高某劳动者的绩效目标。若没有充分的依据，又缺乏合理的解释，即便该劳动者没有完成考核目标，用人单位也无法确保合法解除劳动合同。

应对建议：

用人单位在进行考核时应当做到考核方法和标准明确、客观、公正，考核标准应针对岗位工作职责设计，考核方法和绩效目标最好能得到员工的签字确认。绩效考核规则应合法、合理，设置的考核目标具有合理性。

对于劳动者，建议做到以下几点：

保留证据：一旦发现绩效目标不合理或针对自己，应立即保留所有相关证据，可以与同事的绩效目标进行比较（横向比较），也可以与自己过去的绩效目标比较（纵向比较）。

及时反馈：对于不合理的绩效目标或考核结果，应及时向上级或人力资源部反馈，明确表达自己的立场和看法。

不要盲目签署文件：对于任何与工作相关的文件，特别是可能涉及自己权益的文件，一定要认真阅读，确保自己的权益不受损害。

3. 劳动者如何应对"绩效改进计划"背后的套路?

> **案例**
> 老曹在一家知名医药公司工作,近期公司提出了"绩效改进计划"(Performance Improvement Plan,简称"PIP")。该计划表面上是为了帮助员工提升绩效表现,但实际上,公司希望通过这一计划,在员工未能达到一定标准时能够单方将其解雇,以此来达到组织优化、裁减人员的目的。老曹被人力资源部通知因他上一季度表现不佳,需要进入PIP。人力资源部主管拿着绩效改进计划要求老曹签字,老曹对此很犹豫,因为该计划中有一条明确写着"期满考核未达标,公司可以直接辞退,并不支付任何经济补偿金"。

案例评析:

"PIP"本身是一个很好的管理工具,翻译为"绩效提升计划"可能更为中立。"提升计划"意味着只要用人单位认为劳动者有提升空间均可以针对他们使用这一管理工具。绩效改进计划大多针对表现不佳的劳动者,但是近年来被各大公司作为一种裁员的工具,从而丧失了其本来的意义。PIP期间考核不合格解除劳动合同,其依据还是"不能胜任工作",PIP只是证明劳动者不能胜任工作的工具。在涉及PIP的案件中,需要审查以下几个问题:

(1) 在进入PIP之前,劳动者能否胜任工作。
(2) PIP的设计能否满足"培训"或"调岗"的程序要求。
(3) PIP的考核结果能否再次证明劳动者"不能胜任工作"。

如对于上述问题都能给出肯定回答,那么用人单位以此为由解除劳动合同,则很容易被认定为合法解除,但用人单位仍须依法向劳动者支付经济补偿。

用人单位应实施 PIP 应注意以下几点：

（1）在 PIP 中预设一些条款，比如"因第二季度考核不合格，无法胜任现岗位工作，同意进行绩效改进计划"，再比如"绩效改进计划结束，考核不合格的，视为仍不能胜任现岗位工作，可以解除劳动合同"。只要劳动者签署了 PIP，就很大程度上免除了用人单位关于"不能胜任工作"的证明责任，而且这些条款并不违法。但应注意，PIP 中有些条款即使有劳动者签字也是违法条款，如本案中的"不支付任何经济补偿金"。

（2）规章制度中规定，考核不合格的劳动者拒绝签署 PIP 属于不服从工作安排，是严重违反规章制度的行为。如用人单位有此类规定，员工大概率会配合签署。

（3）在 PIP 中内嵌培训以满足法定程序的要求，且培训要有针对性，安排多次培训且时间不宜过短。

（4）PIP 的周期设置合理，如 2 个月到 6 个月。

（5）PIP 的标准设置合理，较为严格的绩效改进计划甚至具体到日考核，如要求劳动者每天交日报。

如公司规章制度中没有"不服从工作安排"属于严重违纪的威慑性条款，员工不配合在 PIP 文件上签字，则公司证明责任就会更大。因此，PIP 只是一个工具，还是要依据《劳动合同法》第 40 条第 2 项的规定来判断解除劳动合同合法与否。

常见套路或误区：

关于 PIP，用人单位最大的误区就是把它当成解除劳动合同的工具。如果设计完整，这个工具确实能够实现合法解除劳动合同的目的。实践中，用人单位常见的一个失误就是认为劳动者签署 PIP 就可以了，不提供实质性的培训和辅导，这种情况下，即使劳动者期满考核不合格，用人单位最终也无法满足法律规定的合法解除劳动合同的要件，

第六章 | 不能胜任工作

从而导致案件败诉。

应对建议：

劳动者如遇到单位要求进行 PIP，应注意以下几点，以最大限度维护自身权益：

（1）审查协议文本：劳动者在签署任何形式的 PIP 之前，应仔细审查其内容，留意是否有不合理的预设条款，特别是关于本人不能胜任工作或免予经济补偿的条款；还可以尝试与用人单位详细沟通 PIP 期间的考核方法及标准，尽量避免不合理条款。

（2）留存证据：如被强制签署 PIP，劳动者应保留相关证据，证明自己是被迫签署的。

（3）了解自己的合法权益：即使签署了 PIP，劳动者也有权根据劳动法获得经济补偿。任何违反劳动法的合同条款都是无效的。

4. 劳动者如何合理应对用人单位提出的不合理 PIP 要求？

案例：

老曹在一家化工企业销售岗任职多年。2023 年 5 月，用人单位突然告知他近期业绩不佳，需要参与一个 PIP（绩效改进计划）。老曹发现部门领导发送给他的 PIP 中很多要求高于公司对销售岗位的要求，比如一周必须拜访 15 个客户，每天下班前必须提交日报和计划。PIP 实施三个月后，领导给出考核结果，认为老曹未能达到 PIP 的各项要求，并将老曹辞退。

案例评析：

用人单位未提供证据证明老曹在进行 PIP 之前不能胜任工作，

99

也没有提供其他的制度依据来证明启动 PIP 的合理性。更重要的是，部门领导给出的 PIP 目标过高，高于公司对于该岗位的一般要求，老曹未达到 PIP 的各项要求，不能证明他不能胜任销售岗位的工作。

常见套路或误区：

这里还需要强调，很多用人单位仅仅是把 PIP 作为一种策略，目的可能并不是真正帮助劳动者提高绩效，而是找一个合法的理由裁员。劳动者在这种情况下，往往会觉得自己无能为力，但实际上，劳动者完全有权利和机会质疑并挑战这个制度。

应对建议：

对于用人单位的 PIP，劳动者可以从以下几个方面去提出问题（下述内容不是法定的标准，仅希望能够提供一些有价值的建议）。

（1）启动 PIP 的正当性：PIP 启动是否有制度依据？PIP 启动的条件是什么？如果条件是劳动者表现不佳，那么用人单位认为劳动者表现不佳的依据是什么？是否只有自己需要完成 PIP？其他同级别的劳动者是否也需要完成 PIP？

（2）明确与客观的标准：PIP 计划是如何制订的？具体要求是什么？这些要求是否与劳动者的岗位职责直接相关？设置的标准是否高于同岗位一般要求？PIP 中的目标是否明确且可以量化，如果目标不可量化，如何确保评估是公平的？如果目标可以量化，是否考虑了行业标准和现有资源？是否有其他劳动者达到这些标准？

（3）必要的时间周期：过短的时间设置，往往意味着 PIP 流于形式。PIP 的时间设置是否合理？是否有足够的时间来确保改进和成长？

（4）必要的资源支持：用人单位打算提供什么支持来帮助劳动者完成 PIP 中设定的目标？

（5）PIP的奖惩性：完成PIP后的奖励以及未完成的惩罚是什么？

结论：面对用人单位的PIP要求，建议劳动者不要强硬拒绝，但也不要盲目接受。正确的方式是提出合理的问题，争取更多主动权。如果察觉到用人单位让自己进行PIP的目的是辞退自己，则PIP的设计不合理、缺少培训环节等可以作为用人单位的操作漏洞，在仲裁或诉讼中加以利用。

5. "绩效改进计划"是否等同于"培训"？

小案例

老曹于2016年4月6日至A公司工作，工作岗位为采购组长，月工资为10 500元，劳动合同期限自2016年4月6日至2019年4月5日。2017年8月17日，老曹的上级收到了客户对老曹团队的投诉，投诉内容为老曹团队在客户"交代过几次"的情况下，产品代码仍存在多处错误。2017年9月5日，老曹的上级又收到了客户对老曹的投诉，投诉内容为"沟通方式过于简单粗暴，缺少内部沟通，造成工作的被动"。老曹的上级领导于2017年9月29日向老曹发送邮件，指出其工作中的不当表现，并说明将启动绩效改进计划。

2017年10月17日，A公司向老曹发送主题为"绩效改进计划"的邮件，主要内容为：由于你的绩效未达到我们所要求的水平，从2017年10月17日起的60天时间内，你将参加一项绩效改进计划，需要改进的方面包括：零投诉、节约50万元、不违反公司政策、及时汇报工作，并附有《绩效改进计划之行动计划》，从采购、态度、工作效率、问题解决、团队管理及行为管理五个方面为老曹设定了目标，并对目标的具体内容进行了说明。该邮件及附件均有声明：我已阅读并理解本信函的内容/行动计划的条款，并同意这些内容/条款。老曹于2017年10月24日对上述邮件及附件予以签字确认。之后公司两次向老曹发送阶段性的绩效改进审核结果，老曹均签字确认。2017年12月18日，A公司向老曹发送邮件，告知老曹没有通过绩效改进计划，未达到胜任工作的要求，并通知老曹A公司将采取进一步行动。老曹收到上述邮件并签字确认。2017年12月21日，A公司以邮寄方式向老曹出具《解除劳动合同通知书》，以"劳动者不能胜任工作，经培训或调整工作岗位仍不能胜任"为由解除劳动合同，并支付3个月工资的补偿32 788元（其中包含代替通知金10 500元）。2018年2月9日，老曹向劳动人事争议仲裁委员会提出仲裁申请，要求A公司支付违法解除劳动合同赔偿金差额。该委员会于2018年4月8日作出裁决，驳回了老曹的仲裁请求。老曹不服裁决，起诉至法院。

案例评析：

本案的焦点是老曹能否胜任工作。A公司《员工手册》规定的不能胜任工作的情形有：员工因工作能力受客户投诉不能改善或受客户投诉三次以上等。根据已查明的事实，老曹分别于2017年8月17日、2017年9月5日遭客户投诉。在参加绩效改进计划期间，老曹再次收到了关于团队产品代码精确度低的投诉。故法院认为老曹属于《劳动合同》及《员工手册》规定的"工作表现欠佳且不能胜任工作"的情形。

关于A公司针对老曹启动的绩效改进计划是否属于培训的问题，《员工手册》规定，"当员工不能胜任工作、某方面能力欠缺或者当公司认为确有必要时，公司有权安排该员工进入公司的绩效改进计划（PIP）之中。PIP的内容可以由双方协商一致确定，也可以由公司作为工作安排单方面布置，但若公司单方面布置 PIP 内容，应确保其与该员工日常工作有一定的关联性。"《员工手册》还规定，培训形式包括内部专业人员（或直接主管）安排的在职指导。老曹的上级领导向老曹发送的一系列邮件以及老曹的回复，内容均涉及老曹的直接主管对其相关工作安排的在职指导，与老曹的日常工作相关，故该绩效改进计划属于针对老曹不能胜任工作而进行的目的明确的培训。法院认为该绩效改进计划明确了老曹需要改进的内容及目标，制订了行动计划及达标标准，老曹关于"绩效改进计划属于自我提升、自我改进、无量化标准，故并非培训"的抗辩意见没有事实依据，未被法院采信。

常见套路或误区：

即使绩效改进计划中没有相应的培训，也不能认为用人单位依绩效改进计划的实施结果解除劳动合同一定违法，同样，更不能认为绩效改进计划可以取代法律对于培训这一程序的要求。具体案件结果受劳动合同及规章制度等细节差异的影响，类似的案情，可能会有相反的裁判结果。

应对建议：

对于劳动者来讲，进入 PIP 可能意味着有被辞退的风险，要打起精神来应对，不妨真正将 PIP 作为改善和提高绩效表现的机会。

劳动合同法对于培训的形式并没有明确规定，案件审理中一般重点关注培训的内容是否围绕员工待改进事项进行。绩效改进计划是否可以被认定为"不胜任工作解除劳动合同"中的培训程序，可以考量以下方面：一是绩效改进计划中是否包括培训内容；二是规章制度中是否有绩效改进计划属于培训的规定，如有，则视为认可了绩效改进计划与培训之间的关联。建议用人单位以提高劳动者绩效表现为目的，对劳动者的不足之处有针对性地安排培训和指导，并保留培训的证据。

6. 劳动者如何应对"末位淘汰"？

> **案例**
>
> 老曹在 A 游戏公司担任策划专员。A 公司绩效管理办法规定，若员工绩效考核结果为 C 或 D，则视为不能胜任岗位工作，公司可以进行调岗，员工调岗后下一个考核周期工作表现仍达不到岗位要求的，公司可以解除劳动合同。老曹 2022 年上半年的绩效考核结果为 C。2022 年 7 月，公司安排老曹调岗。年末考核，老曹的考核结果仍为 C，于是公司向老曹送达《解除劳动合同通知书》。通知书上载明："因您 2022 年上半年绩效不达标即不能胜任当时所在岗位工作，2022 年 7 月，公司与您协商一致并安排了调岗。2022 年下半年您个人绩效亦不达标，仍无法胜任调岗后系统策划岗位工作，现我公司向您确认您与公司的劳动合同关系将于 2023 年 1 月 15 日予以解除。公司将依法向您支付补偿金。"通知书的《回执》显示："老曹于 2023 年 1 月 15 日收到《解除劳动合同通知书》；老曹不同意解除劳动合同。"老曹注明："不认同不能胜任岗位工作。签收人：老曹。"
>
> 老曹表示，A 公司的绩效考核标准是强制末位淘汰制，一个项目中无论大家干得如何，都有固定比例的人会得到 C 或 D 的考核结果，且考核没有可量化的标准。老曹调岗并非因为不能胜任原岗位工作，而是因为 A 公司撤销了老曹原所在项目，且其调岗前后岗位职能没有改变，都是从事游戏策划工作。

案例评析：

"末位淘汰"并不是一个法律术语，该制度本身并不违法，但其对应的实施方法却有合法与违法之分。如果因劳动者在绩效考核中排名末位，用人单位就直接解除与该劳动者的劳动合同，一般会被认定为违法解除。如果以"末位淘汰"为由进行调岗、降职等，一般会被认定为用人单位用工管理权的范畴。

本案中，现有证据能够证明老曹2022年上半年、2022年下半年的考核结果均为C，但A公司提交的证据不足以证明该考核结果能证实老曹不能胜任工作。首先，A公司未能举证证明绩效考核具有预先设置的考核标准并向老曹进行告知或公示，亦未能给出考核结果所依据的客观理由。诚然，用人单位的绩效考核不可避免地具有主观性，但主观评价也应以客观的、可记录的、可量化的工作表现为基础。因此，A公司考核结果的客观性未达到证明标准。其次，老曹提交了A公司《关于启动2022年员工绩效评估的通知》，证明考核结果为C和D的人数在员工总数中强制分布。A公司虽主张该通知并未严格执行，但未提交充分有效的证据予以证明，老曹的主张可以采信，仲裁庭认为考核结果为C和D的人数在员工总数中强制分布，而强制性的比例标准有违按照工作实效确定劳动者是否胜任工作的客观性。综合考虑，仲裁庭认定A公司提交的证据不足以证明老曹"不能胜任工作"，该公司解除与老曹的劳动合同不符合《劳动合同法》第40条第2项的规定，应承担举证不能的后果，向老曹支付违法解除劳动合同赔偿金差额。

常见套路或误区：

"末位淘汰"会以隐蔽的方式出现，将排名靠后劳动者调岗后再淘汰，从形式上看起来合法很多。很多用人单位在与劳动者解除劳动合同时会尽量避免"末位淘汰"的提法。

职场人必读：劳动纠纷解决实务

有些用人单位采取"末位PUA"的策略，通过不正当的手段如"穿小鞋"等方式，迫使排名末位的劳动者主动离职。这明显违背了劳动法的精神，也不利于劳动者队伍的稳定。对于劳动者来说，这个过程可能相当痛苦。

应对建议：

考核"排名"这种激励机制本身并无问题，但应该让其回归激励本身，可以与奖金、升职等挂钩，但不建议与劳动关系是否解除直接挂钩。劳动者遇到"末位淘汰"的情况，可以坚持到最后，如用人单位真的以该理由单方解除劳动合同，劳动者可以申请劳动仲裁，争取违法解除劳动合同的赔偿金。

7. 劳动者遇到"业绩军令状"如何维权？

小案例

老曹是一家企业的销售员，2020年初，公司HR以公司业绩不好为由要求与老曹协商解除劳动合同，老曹没有同意。后经部门领导协调，HR称老曹要是想留下就必须签署一份所谓的"业绩军令状"。在这份"军令状"中，老曹需要达到年销售业绩目标2700万元。如果他的完成率低于30%，则需要自动离职，HR还要求老曹先签一份时间为2020年12月31日的离职申请交到公司。为了保住工作，老曹无奈答应了HR的要求。年终统计下来，老曹仅完成了264万元的业绩，远远低于30%的完成率目标。2021年元旦假期后上班第一天，公司HR就通知老曹办理离职手续，老曹对公司辞退自己提出异议，但公司HR拿出老曹的"军令状"及辞职申请，说老曹是因为未达到业绩目标主动辞职。

案例评析：

本案中，因辞职申请确系老曹本人签署提交，对于公司提出的老曹系主动辞职的抗辩，如无相反证据证明，老曹将难以辩驳。看起来老曹是被"套路"了，但他在交辞职申请时，就应该预料到会有这样的后果。如不提交辞职申请，即使公司以不能胜任工作为由解除劳动合同，老曹至少还可以获得补偿金，但如果是自动离职，则无法获得任何补偿。如果老曹不提交辞职申请，只签署"军令状"，结果则会不同，原因在于，即使"军令状"上写"自动离职"，但老曹并未明确表示要解除与公司的劳动合同，而只是迫于压力签署了所谓的"军令状"。"军令状"实际属于员工承诺的业绩目标，如果该目标合理，员工未达成，可以视为"不能胜任工作"，但也不能直接辞退，需要对员工进行培训或者调岗，再次未能达成业绩目标的，才可以解除劳动合同。

常见套路或误区：

很多用人单位为了避免支付经济补偿，会设计各种"军令状"或"绩效合同"，希望以此绕过劳动法的规定。用人单位虽能以劳动者不能胜任工作为由单方合法解除劳动合同，但仍须支付经济补偿。

应对建议：

如果劳动者被要求签署"军令状"或"绩效合同"，要结合法律规定，评估一下其内容是否合法。在任何情况下，都不建议劳动者通过提交"离职申请"来表明决心。劳动者要尽量争取合理的业绩目标。若用人单位设置了不合理的绩效目标劳动者又无法拒绝，劳动者要对不能完成业绩目标的法律后果有正确的判断，并保留提出异议及被迫签署"军令状"或"绩效合同"的相关证据。

第七章　客观情况发生重大变化与经济性裁员

劳动合同订立时所依据的客观情况发生重大变化，致使劳动合同无法履行，经用人单位与劳动者协商，未能就变更劳动合同内容达成协议的，允许用人单位解除与劳动者的劳动合同，也允许用人单位在生产经营发生严重困难，进行破产重整、转产、重大技术革新或者经营方式调整等情况下，依法裁减人员，但应当依法定条件和程序进行并支付经济补偿。

1. 用人单位以"客观情况发生重大变化"为由辞退劳动者是否合法？

小案例

2015年1月16日，A公司与老曹签订了一份期限为3年的《劳动合同书》。两次固定期限劳动合同到期后，双方签订无固定期限劳动合同。老曹的岗位为项目经理。2021年6月，公司向老曹送达《岗位调整通知书》，称受地产行业整体环境影响，业务萎缩，公司决定调整组织架构，取消老曹所在的岗位，拟将老曹调整到总经理助理岗位。老曹接到上述通知后，向公司提出了异议，其基于本人履历和职业规划考虑，不同意公司的岗位调整方案。2021年7月1日，公司向老曹下达《解除劳动合同通知书》，通知中称："公司因受地产行业整体不景气影响，连年亏损，不得不进行相应的业务和组织架构调整，老曹的岗位因组织架构调整被撤销，经与老曹协商变更岗位未达成一致，故通知老曹双方劳动合同于2021年7月31日解除。"

老曹认为，A公司解除劳动合同没有事实依据，属于违法解除，要求公司支付赔偿金。他提交的相关证据证明，公司的组织架构及自己的岗位并没有被裁撤，不属于《劳动合同法》第40条第3项规定的"劳动合同订立时所依据的客观情况发生重大变化，致使劳动合同无法履行"的情形。

案例评析：

本案的裁判焦点为A公司解除与老曹的劳动合同是否违法，是否可以"客观情况发生重大变化"为由解除合同。

因用人单位作出的开除、除名、辞退、解除劳动合同、减少劳动报酬、计算劳动者工作年限等决定而发生的劳动争议，用人单位负举证责任。A公司解除与老曹的劳动合同的理由为"客观情况发生重大变化",即基于市场环境变化及公司组织架构调整等,决定对老曹的岗位予以撤销。

对于什么样的情况属于"客观情况发生重大变化",法律并没有明确规定。北京市高级人民法院、北京市劳动人事争议仲裁委员会《关于审理劳动争议案件法律适用问题的解答》第12条规定,"劳动合同订立时所依据的客观情况发生重大变化"是指劳动合同订立后发生了用人单位和劳动者订立合同时无法预见的变化,致使双方订立的劳动合同全部或者主要条款无法履行,或者若继续履行将出现成本过高等显失公平的状况,致使劳动合同目的难以实现。下列情形一般属于"劳动合同订立时所依据的客观情况发生重大变化":(1)地震、火灾、水灾等自然灾害形成的不可抗力;(2)受法律、法规、政策变化导致用人单位迁移、资产转移或者停产、转产、转(改)制等重大变化的;(3)特许经营性质的用人单位经营范围等发生变化的。

A公司基于自身原因调整老曹的工作,是应对市场变化而主动进行的,此调整不是因为客观情况发生重大变化,亦不是因为用人单位与劳动者订立合同时无法预见的变化导致合同无法履行,或者继续履行将出现成本过高等显失公平的状况,致使劳动合同目的难以实现。因此,A公司解除与老曹的劳动合同系违法解除。需要注意的是,各地的裁判尺度可能存在差别,且价值判断亦可能受社会大环境影响。

常见套路或误区:

很多公司在辞退劳动者时,经常用的理由便是"劳动合同订立时所依据的客观情况发生了重大变化,致使劳动合同无法履行"。为说服劳动者,用人单位还会列举面临的困难,如项目亏损、子公司或部门需要进行裁撤等。更有甚者,用人单位确实存在欠发劳动者工资的情形,此时用人单位会告知劳动者如果不尽快离职,用人单位持续亏损的话,最后可能连工资都发不出,更不用说给予经济补偿了。有的劳动者在用人单位的种种攻势下会选择离职,但在离职后,发现用人单位并不存在经营困难,自己曾经就职的岗位还招了新人。实际上,很多用人单位裁员的真正原因,并不是要裁撤岗位,而是要以更低的薪酬雇用更年轻的劳动者,以实现缩减人力成本的目的。

应对建议:

在用人单位以订立合同时所依据的客观情况发生重大变化为由辞退劳动者时,劳动者应当关注:(1)用人单位是否遭受了地震、火灾、水灾等自然灾害,并因此受到了巨大损失;(2)与用人单位营业相关的法律、法规、政策等是否发生改变,用人单位是否需要转产、停产、进行资产转移等;(3)用人单位的经营范围是否发生改变。如果劳动者自己无法判断,可以向律师或者其他法律工作者咨询。

劳动者应当注意收集用人单位所称的"客观情况发生重大变化"的相关证据,如用人单位的相关通知、国家出台的相关政策及用人单位的相应转变,与劳动者沟通辞退事宜的谈话录音、电子邮件往来、微信聊天截图,用人单位项目的经营情况、财务报告等。以上证据可以帮助劳动者判断用人单位所言是否属实。

如果客观情况真的发生重大变化,致使劳动合同无法继续履行,劳动者可以与用人单位协商,为自己争取最大的利益。如果客观情况未发生重大变化,劳动者可以主张继续履行合同或者用人单位违法解除劳动合同,申请劳动仲裁,维护自己的合法权益。

2. 因用人单位业务外包解除劳动合同，劳动者能否获得赔偿？

> **案例**
>
> 老曹作为 A 公司的员工，负责线上房源审核工作。随着公司为降本增效进行内部岗位调整，老曹所在的审核部门被外包给第三方科技公司，老曹原有的岗位不存在了。公司试图与老曹沟通调岗，并提供了质检的岗位，但老曹认为质检岗位不符合其预期，并坚持认为公司的决定相当于降级。
>
> 公司于 2019 年 4 月 18 日向老曹发出《解除劳动合同通知书》，理由是部门撤并不再设置其岗位。老曹随后提起劳动仲裁，请求公司支付违法解除劳动合同赔偿金，但仲裁委员会裁决驳回了老曹的请求。老曹不服，将案件诉至法院。

案例评析：

本案的争议焦点在于部门整体外包是否属于劳动合同法所述的客观情况发生重大变化，公司据此解除劳动合同是否合法。

依据《劳动合同法》第 40 条规定，客观情况发生重大变化致使劳动合同无法履行时，用人单位可以解除劳动合同。这里的客观情况通常指外部环境的变化，如法律法规变动、自然灾害等不可抗力，而非公司内部策略或结构调整。

本案中，公司将岗位外包是基于成本控制的内部决策，一审法院认为岗位外包不属于劳动合同法规定的客观情况发生重大变化的情形，故判决公司向老曹支付违法解除劳动合同赔偿金。二审法院维持一审判决，指出公司的业务外包属于经营性调整，并不构成劳动合同法意义上的客观情况发生重大变化，因此判决公司应向老曹支付违法解除劳动合同赔偿金。

常见套路或误区：

误区：将用人单位内部的成本控制策略误认为是客观情况发生重大变化；忽视劳动者的合法权益，认为只要支付经济补偿就可以解除劳动合同。

套路：用人单位在无法提供合法解除劳动合同依据时，常常以"客观情况发生变化"作为解除劳动合同的理由。在与劳动者协商不成时，有的用人单位可能会单方面作出解除决定。

应对建议：

劳动者应明确自己的合法权益，保留好相关证据。

若用人单位提出协商变更岗位，劳动者应了解新岗位的具体情况，明确薪资待遇是否受影响。

劳动者一旦被非法解除劳动合同，应及时采取法律措施维护自己的权益，包括但不限于申请劳动仲裁、起诉等。

3. 受政策影响的整体搬迁，是否属于客观情况发生重大变化？

> **案例**
>
> 老曹自 2012 年 11 月 12 日起在北京的 A 公司担任司机。A 公司主要生产电子产品，但随着北京市环保政策日益收紧，公司生产环节中的焊接作业开始面临环保和消防检查的挑战。2019年，A 公司因违反环保法规受到行政处罚，生产活动一度停滞。随后，为响应北京市疏解非首都功能的号召，A 公司决定逐步将生产中心迁往环保标准较为宽松的广东东莞。2021 年 2 月，北京市人民政府发布了《北京市深入打好污染防治攻坚战 2021 年行

动计划》，要求各部门严格落实污染防治责任。A公司决定全面搬迁。2021年5月，A公司宣布亦庄生产中心将关闭，并通知员工可选择随公司迁至广东或接受N+1补偿离职。7名员工选择接受补偿离职，老曹及另一名员工既不愿搬迁，也拒绝接受补偿，但未提出其他解决方案。

随后，公司提前30日向老曹发出通知，正式告知其劳动合同将在2021年6月24日解除。老曹对此不满，认为公司无权单方面解除劳动合同，并向仲裁委员会提出申请，要求公司支付违法解除劳动合同赔偿金的差额。仲裁机构未支持其请求，老曹遂将案件诉至法院。

法院在审理案件时考虑了多个因素：A公司搬迁是基于外部政策的必要调整；老曹作为司机，在北京无工作岗位可供其继续工作；A公司提前进行了通知，并支付了相应的补偿，符合解除劳动合同的程序要求。因此，法院最终裁定，A公司的搬迁属于合理的经营决策，解除与老曹的劳动合同并非违法解除，驳回老曹的请求。

案例评析：

本案中存在两个关键的法律分析点：首先是公司的搬迁决定是否合法；其次是公司解除劳动合同的程序是否合规。

首先，A公司的搬迁决策是基于市场环境和环保政策。其次，A公司已经在能力范围内给出了合理的协商变更方案，在双方就继续履行劳动合同等问题未能协商达成一致的情况下，A公司依据劳动合同法，有权提前30日以书面形式通知劳动者本人或者额外支付劳动者1个月工资后解除劳动合同。因此，A公司解除与老曹的劳动合同是合法的。

常见套路或误区：

误区：劳动者往往认为，用人单位的任何搬迁、调整都是其自主经营行为，不属于客观情况发生重大变化。

应对建议：

从用人单位角度：用人单位在作出搬迁等重大决策时，应充分考虑劳动者的利益，尽可能通过协商来达成一致，避免采取强制性的措施。要明确、及时告知员工政策变化、经营调整的事实及其可能的影响，提供多种选择方案，尊重劳动者的选择，并按照法律规定对劳动者进行补偿。

从劳动者角度：劳动者应当合理评估自己的职业规划和现实状况，积极响应用人单位的调整或提出合理的要求。若认为用人单位的处理方式不合理，可通过法律途径来维护自己的权益，同时也要理解用人单位的难处和外部环境变化，寻求双赢的解决方案。

4. 用人单位以生产经营存在严重困难为由进行经济性裁员是否合法？

案例

老曹自1997年5月27日入职A公司，多年后与公司签订无固定期限劳动合同。2019年12月3日，A公司一生产车间发生爆炸，导致停工停产达1年时间，加之新型冠状病毒感染疫情常态化防控，复工复产的进程严重受阻，生产经营停滞。公司近1年的时间一直在进行事故处理及车间复建等工作，客户流失、订单减少。加之出口订单大幅减少，至2020年，A公司全年亏损6 000万元。随后，A公司经过慎重考虑，决定调整经营方式，撤销糕点、豆沙粉两种产品和D类生产车间并精简各部门人员编制。A

公司进行第一批裁员时，人社局并未批准。A公司通过协商，与300多名员工解除了劳动关系，第二批裁员时向人社局报告，包括老曹在内的19人被裁减。

2021年3月31日，A公司向老曹下发的《通知书》显示："公司生产车间2019年12月3日发生爆炸事故导致停工停产，2020年又受到新型冠状病毒感染疫情持续影响，公司决定裁员。2021年2月19日公司召开说明会，专门听取了职工意见，之后向有关部门进行了报告。双方签订的劳动合同于2021年3月31日终止。"

仲裁中，老曹主张，A公司并非因为生产经营困难而是因为发生安全事故裁员。A公司发生爆炸事故是违反安全生产法的结果，不应该将损失转嫁到劳动者身上。A公司经营亏损，听取工会和职工代表大会意见后可以裁员。但老曹与A公司签订的是无固定期限劳动合同，孩子为在校大学生，妻子没有固定工作，老曹是优先留用人员，辞退老曹属于违法解除劳动合同，应该向老曹支付违法解除劳动合同赔偿金。

A公司对此不予认可，称公司是因为生产经营发生严重困难才进行裁员，并且履行了相应的程序。为此，A公司提交了一系列证据，证明其裁员合法合规，不应当向老曹支付违法解除劳动合同赔偿金。

案例评析：

本案中，A公司因经济性裁员解除与老曹的劳动合同，根据当事人提交的证据及查明的事实，A公司确实存在生产经营严重困难的情形，根据法律规定可以进行裁员。同时，A公司就裁员事宜召开了职工代表大会，征求了工会同意，并向劳动行政部门进行了报告，老曹亦在相关会议签到表上签字，且认可参加了A公司征求意见的民主程序。故 A 公司裁员符合法律规定的程序要求。老曹主张其与公司签订了无固定期限劳动合同,且家中无其他就业人员,属于应优先留用的人员。对此,仲裁委员会认为,《劳动合同法》第 41 条规定在裁减人员时优先留用三类人员,但与该法第 42 条规定的禁止裁减的情形相比,优先留用并不等同于企业在经济性裁员中不得裁减或必须留用。且"优先留用"的前提是在同等条件下,而现实中劳动者在工作经验、资格技能、工作内容、薪资待遇、绩效考核、学历等方面存在差异,用人单位可根据实际情况在法定条件下合理行使自主管理权。本案中,老曹未能提供充分证据证明 A 公司存在同等条件下留用不符合优先条件的人员,或其属于法律规定的用人单位不得解除劳动合同的情形,故对其主张不应被裁减的意见,仲裁委员会无法采纳。本案系因裁员解除劳动关系,亦不属于应当支付违法解除劳动关系赔偿金的情形,老曹的请求不能得到支持。

常见套路或误区:

用人单位生产经营发生严重困难时,依照法律规定,可以进行裁员。但是,部分用人单位对于"生产经营发生严重困难"的理解不到位,认为只要出现亏损便可以进行裁员。有的用人单位确实生产经营发生严重困难,但其忽略法律规定的裁员程序,径行裁员。也即其在没有提前通知劳动者,并就裁员事宜召开职工代表大会,征求工会意见或者向劳动行政部门提交裁员报告的情况下,直接辞退劳动者。

应对建议:

用人单位生产经营出现严重困难时,如政策变化导致项目持续负债亏损的,可以根据生产经营的实际情况,决定是否裁撤人员。如果需要进行裁员,应当提前通知劳动者,向劳动者说明裁员的情况,就裁员事宜与劳动者进行沟通,妥善处理与劳动者的劳动关系。同时,保存证明用人单位生产经营存在严重困难的证据,如连年亏损的财务报表、政策变化导致的项目亏损等,避免发生纠纷时无法举证。

劳动者在用人单位以生产经营发生严重困难为由裁员时,应当注意判断用人单位生产经营是否真的发生严重困难。劳动者应当注意收集用人单位所谓的"生产经营发生严重困难"的相关材料,如果情况属实,劳动者可以与用人单位友好协商,为自己争取最大的利益。如果情况不属实,劳动者可以主张继续履行合同或者公司违法解除劳动合同,申请仲裁(对仲裁裁决不服的,提起诉讼),维护自己的合法权益。

5. 劳动者遭遇经济性裁员,如何维权?

案例

老曹与A公司签订起始时间为2020年3月1日的无固定期限劳动合同,约定:老曹自2013年5月22日入职B公司,自2020年3月1日老曹转入A公司,双方同意自本合同生效之日起老曹在B公司的工作年限合并计入其在A公司的工作年限。老曹在物业部从事商管员工作。

A公司是为经营"世界之花"专门设立的项目公司,老曹为因"世界之花"经营之需所聘用的员工。由于市场变化、与出租方合作关系破裂、经营不善等诸多因素的影响,A公司经营业绩一直不佳,持续亏损,至2020年12月累计亏损已达8 000余万元。2021年8月,A公司撤出"世界之花"物业,关门停业,并决定裁撤部分员工,老曹在被裁撤的员工之列。

2021年10月9日,A公司出具劳动合同解除通知,解除与老曹的劳动合同,但解约通知上并未载明解除劳动合同的原因。老

第七章 | 客观情况发生重大变化与经济性裁员

曹认为公司违法解除劳动合同，遂提起了劳动仲裁，主张公司应支付违法解除劳动关系赔偿金。

A公司提交审计报告书，关于同意解除租赁合同等事宜的告知函、邮寄单、送达证明，证明公司2019年至2020年累计亏损8 400多万元，生产经营发生严重困难，已于2021年6月30日解除租赁关系，与老曹建立劳动关系的客观经济情况发生重大变化。A公司主张，其与老曹解除劳动合同的依据是《劳动合同法》第41条第1款第4项，公司撤出"世界之花"项目，并且没有其他经营项目，属于客观情况发生重大变化。公司与老曹解除劳动合同合法合规，不应向老曹支付违法解除劳动关系赔偿金。

对此，老曹主张A公司并不存在"客观经济情况发生重大变化"的情形，不能以此为由进行裁员。A公司违法解除劳动合同，应支付违法解除劳动关系赔偿金。

案例评析：

当事人对自己提出的诉讼请求所依据的事实或者反驳对方诉讼请求所依据的事实应当提供证据加以证明，但法律另有规定的除外。在作出裁判前，当事人未能提供证据或者证据不足以证明其事实主张的，由负有举证责任的当事人承担不利的后果。

A公司作为提出解除劳动合同的一方，应对其解除与老曹的劳动合同存在事实及法律依据承担举证责任。《劳动合同法》第41条规定，有下列情形之一，需要裁减人员20人以上或者裁减不足20人但占企业职工总数10%以上的，用人单位提前30日向工会或者全体职工说明情况，听取工会或者职工的意见后，裁减人员方案经向劳动行政部门报告，可以裁减人员：……（4）其他因劳动合同订立时所依据的客观经济情况发生重大变化，致使劳动合同无法履行的。A公

职场人必读：劳动纠纷解决实务

司依据上述法律规定与老曹解除劳动合同，但其向老曹送达的劳动合同解除通知并未载明解除理由，亦未提交相应证据证明已向老曹告知解除劳动合同的理由，应承担举证不能的不利后果。A公司撤出案涉项目不足以认定为"其他因劳动合同订立时所依据的客观经济情况发生重大变化"的情形，A公司亦未履行提前30日向工会或者全体职工说明情况、听取工会或者职工的意见、裁减人员方案向劳动行政部门报告的法定程序。综上，A公司与老曹解除劳动合同缺乏事实及法律依据，应认定为违法解除。对A公司要求判定其无须向老曹支付违法解除劳动关系赔偿金的请求，仲裁庭不予支持。计算赔偿金时，老曹在B公司和A公司的工作年限应合并计算。

常见套路或误区：

部分用人单位认为只要出现亏损或者根据自身经营需要而进行战略调整，便属于订立合同时约定的客观经济情况发生重大变化的情形，可以此为由辞退劳动者。

部分劳动者很可能因为缺乏劳动法律知识，在用人单位称持续亏损，以订立合同时所依据的客观经济情况发生重大变化为由辞退自己时，没有核实用人单位所说的是否属实。有的劳动者可能属于法律规定的优先留用人员，但没有在裁员前及时将自己的情况告知用人单位，提出自己不应该被最先解雇，而是完全服从用人单位安排，承担裁员后果，丧失了应得的利益。

应对建议：

破产重整、生产经营发生严重困难、转产或者连年亏损且亏损可能持续扩大等情况导致用人单位与劳动者签订的劳动合同无法继续履行的，用人单位可以依照法律规定裁撤劳动者。但需要裁减人员20人以上或者裁减不足20人但占企业职工总数10%以上的，用人单位在裁员时，应当遵守法律的相关规定，就裁员的相关事项与劳动者进行详细沟通，并履行法定的程序，妥善处理与劳动者之间的劳动关系，减少劳动争议，避免陷入劳动纠纷。

劳动者面临用人单位裁员时，应当尽快核实用人单位是否出现法律规定的可以进行裁员的情形。劳动者可以通过收集与用人单位经营状况相关的证据，来判断用人单位所说的客观经济情况发生重大变化、生产经营发生严重困难是否属实，并注意收集相反的证据，如用人单位持续提高工资、同部门同岗位还在招聘、业务在扩张。劳动者还可以向所属区级人社局申请信息公开，要求公开此次裁员的方案、花名册等全部资料。

6. 遇到经济性裁员，哪些劳动者可以优先留用？

案例

老曹于2009年7月1日入职A公司。2016年1月1日，双方签订无固定期限劳动合同，约定老曹岗位为技术部经理，工资标准为23 376元/月。

2018年3月1日起，老曹的岗位调整为研发部首席研究员。2021年3月起，其工资调整为25 020元/月。2021年4月2日，A公司以"公司所处经营环境发生重大变化，要对组织架构进行优化调整，老曹所在岗位被裁撤，双方订立劳动合同时所依据的客观经济情况发生重大变化，经协商解除劳动合同未达成一致"为由，向老曹送达了《劳动关系解除通知书》。

A公司称自2020年起利润下滑，经董事会决议，进行了组织优化调整，包括老曹在内共拟裁员21人，占公司总人数11%，已向劳动行政部门进行了经济性裁员相关手续报备。A公司为此提交了民主协商会议纪要、董事会书面决议、向劳动行政部门报告企业裁员情况的说明。民主协商会议纪要显示，2021年2月5日，A公司就裁员方案进行民主协商并听取工会意见，工会同意裁员方案。董事会书面决议内容包括：对生产、研发部门等进行优化调整，包括但不限于职能合并优化、岗位裁撤及关联公司之间的资源整合等。向劳动行政部门报告企业裁员情况的说明所附裁员名单显示，拟裁员21人，老曹在所列名单之内，研发部无其他员工被裁。企业裁员情况的说明另附的2017年至2020年公司利润表显示，公司2017年净利润为0.9亿余元，2018年净利润为1.07亿余元，2019年净利润为1.61亿余元，2020年净利润为1.14亿余元。

老曹对A公司所示证据及以上陈述均不认可，提起劳动仲裁，称A公司未告知双方劳动合同订立时所依据的客观经济情况发生重大变化的事实，对公司报备经济性裁员不知情，公司解除与自己的劳动合同系违法解除，并要求继续履行双方2016年1月1日签订的无固定期限劳动合同。

案例评析：

本案的争议焦点为A公司是否有权依据《劳动合同法》第41条解除涉案劳动合同。

因用人单位作出的解除劳动合同决定而发生的劳动争议，用人单位负举证责任。A公司送达的《劳动关系解除通知书》载明的解除理由是公司所处经营环境发生重大变化，要对组织架构进行优化调整，老曹所在岗位被裁撤，双方订立劳动合同时所依据的客观经济情况发生重大变化。A公司应对其存在上述客观情况举证证明。A公司提交的2017年至2020年利润表显示，该公司2017年至2019年净利润稳步增长，2020年净利润虽有一定程度的下降，但仍维持

第七章 | 客观情况发生重大变化与经济性裁员

在较高水平,并未出现亏损。企业经营过程中影响利润的市场因素很多,A公司2020年利润下降不属于客观经济情况发生重大变化之情形,公司采取经济性裁员措施来提升利润实属不妥。另外,老曹与A公司订有无固定期限劳动合同,属于经济性裁员中要优先留用人员,A公司未提交其他证据证明老曹属于必须裁减人员,应当承担举证不能的不利后果。综上,A公司以"客观经济情况发生重大变化"为由解除与老曹的劳动合同,缺乏事实及法律依据,构成违法解除劳动合同。用人单位违法解除或者终止劳动合同,劳动者要求继续履行劳动合同的,用人单位应当继续履行。现老曹要求A公司继续履行无固定期限劳动合同,仲裁机构予以支持。

常见套路或误区:

用人单位出现破产重整、生产经营严重困难或者企业转产、技术革新、经营方式调整等重大变化,导致劳动合同无法继续履行的,会对部分劳动者进行裁撤。有些用人单位很可能由于缺乏法律意识,无差别地辞退劳动者。

根据《劳动合同法》第41条规定,用人单位裁减人员时,应当优先留用下列人员:(1)与本单位订立较长期限的固定期限劳动合同的;(2)与本单位订立无固定期限劳动合同的;(3)家庭无其他就业人员,有需要扶养的老人或者未成年人的。一些应优先留用人员可能由于缺乏相应的劳动法律知识,稀里糊涂地接受了用人单位的裁员决定,最终被用人单位辞退。

应对建议:

用人单位生产经营发生严重困难,确实需要进行裁员时,建议根据劳动者的工作表现、工作能力以及签订的劳动合同类型等,作出裁员决定,不要轻易裁撤法律规定的优先留用人员。否则很可能会陷入诉讼风险和不利舆论中，影响自身的继续运营。

　　法律规定的优先留用人员在被裁员时，应当及时向用人单位说明情况，请求用人单位继续履行劳动合同或者予以适当照顾。为防止用人单位提出在同等条件下自己不符合优先留用条件，劳动者可以适当留意其他人的基本情况，找到与自己对标的同事，用以证明用人单位在同等条件下留用不符合优先条件的人员。

　　值得注意的是，法律并没有规定企业在经济性裁员中不得裁减或必须留用优先留用人员。劳动者以未优先留用为由主张违法解除的，需要充分举证来证明用人单位在"同等条件"下留用不符合优先条件的人员，而"同等条件"常难以证明。

第八章　严重违纪与严重失职

劳动者具有《劳动合同法》第39条规定的情形的，用人单位单方解除劳动合同，不需要给劳动者任何补偿或赔偿；如果劳动者给用人单位造成了经济损失，用人单位还可以要求劳动者赔偿。第39条规定的解除劳动合同方式也称"过失性辞退"，主要包含以下情形：（1）劳动者在试用期间被证明不符合录用条件的；（2）劳动者严重违反用人单位的规章制度的；（3）劳动者严重失职，营私舞弊，给用人单位造成重大损害的；（4）劳动者同时与其他用人单位建立劳动关系，对完成本单位的工作任务造成严重影响，或者经用人单位提出，拒不改正的；（5）因《劳动合同法》第26条第1款第1项规定的情形致使劳动合同无效的；（6）劳动者被依法追究刑事责任的。本章重点阐述因劳动者严重违反规章制度和严重失职，用人单位解除劳动合同的情况。

第八章 | 严重违纪与严重失职

1. 劳动者被以严重违反规章制度为由辞退,如何获得赔偿?

案例

老曹2007年入职一家科技公司,后双方签订无固定期限劳动合同。公司通过钉钉软件进行考勤管理,员工工作日须在8:30前、17:45后打卡,外出时需要在钉钉软件上申请,获批后方可外出。2019年5月,公司将老曹所在部门撤销并将老曹由原部门经理调整为其他部门的普通员工,老曹原部门所在办公地点为公司注册地H大厦,新岗位的工作地点为公司总部Z大厦。2019年7月4日,公司以老曹自2019年6月后存在多次"虚假考勤"行为、严重违反公司考勤管理制度为由通知老曹解除劳动合同。老曹不认可上述理由,认为公司违法解除劳动合同,遂申请劳动仲裁,主张违法解除劳动合同赔偿金54万元。

在案件审理中公司提交了以下证据:《公司考勤管理制度》及2019年3月4日钉钉公示该制度的记录、2019年6月钉钉打卡记录、部门员工考勤汇总表(2019年6月1日—2019年6月30日)。其中《公司考勤管理制度》规定,"对故意谎报、隐瞒缺勤及他人代为打卡的员工,一经发现将给予本人及部门领导通报批评;员工被发现有以上行为3次以上(含3次)的,视为严重违反本制度,公司有权单方与其解除劳动合同。"钉钉显示,公司在2019年3月4日向全体人员公示了上述考勤管理制度,其中有老曹的查收记录。2019年6月钉钉打卡记录显示,老曹2019年6月3日上午缺卡,6月3日下午、6月4日全天、6月5日上午打卡地点为H大厦,6月10日至6月14日打卡地点为公司总部Z大厦,且打卡结果显示为正常。部门员工考勤汇总表(2019年6月1日—

2019年6月30日）显示老曹2019年6月应出勤天数为19天，实际出勤天数为18天，备注处显示"6月3日上班缺卡"，签字处有"老曹"签名，表格下方有"未见老曹6月份来公司上班（未在工位上班），请相关部门务必核实考勤"。

案例评析：

本案中，公司认为老曹打卡但未出勤或未在应出勤地点打卡（可以归为虚假考勤）。最高人民法院《关于审理劳动争议案件适用法律问题的解释（一）》第44条规定，因用人单位作出的开除、除名、辞退、解除劳动合同、减少劳动报酬、计算劳动者工作年限等决定而发生的劳动争议，用人单位负举证责任。在该类案件中，通常需要审查下列问题：

（1）劳动者存在哪些行为，即用人单位所主张的劳动者违反规章制度的事实行为是什么。本案中，公司主张老曹存在虚假打卡、长期脱岗等"虚假考勤"行为，但提交的证据不足以证明存在上述事实。审理中，法院认为公司调整老曹的工作地点后，并未在考勤系统中同步更改打卡地点，亦未明确告知老曹必须在新工作地点打卡，公司的管理存在明显疏漏。

（2）用人单位规章制度中是否有相应的规定，即是否将该类行为列为严重违纪应予解除劳动合同的情形。本案中，《公司考勤管理制度》中规定"故意谎报、隐瞒缺勤，他人代为打卡"3次（含）及以上者，公司有权单方解除劳动合同。

（3）作为处理依据的规章制度是否向劳动者公示、告知。本案中，公司在钉钉上公示了考勤管理制度，且提供的证据中有老曹已经查收的记录。

（4）用人单位规章制度的制定和修改是否经过了民主程序。《劳动合同法》第 4 条规定，用人单位在制定、修改或者决定有关劳动报酬、工作时间、休息休假、劳动安全卫生、保险福利、职工培训、劳动纪律以及劳动定额管理等直接涉及劳动者切身利益的规章制度或者重大事项时，应当经职工代表大会或者全体职工讨论，提出方案和意见，与工会或者职工（代表）平等协商确定。为了避免用人单位滥用管理权，通过不合理的规章制度损害劳动者权益，法律规定劳动者应参与与其切身利益相关的规章制度的制定和修改。本案中，公司并未提交制定考勤制度履行了民主程序的证据。仲裁委员会认为该公司考勤制度并非合法有效的规章制度，不能作为解除劳动合同的依据。

（5）解除劳动合同的程序是否合法。对此，主要审查有工会的用人单位是否将解除理由通知工会。《劳动合同法》第 43 条规定，用人单位单方解除劳动合同，应当事先将理由通知工会。最高人民法院《关于审理劳动争议案件适用法律问题的解释（一）》第 47 条规定，建立了工会组织的用人单位解除劳动合同符合《劳动合同法》第 39 条、第 40 条规定，但未按照《劳动合同法》第 43 条规定事先通知工会，劳动者以用人单位违法解除劳动合同为由请求用人单位支付赔偿金的，人民法院应予支持，但起诉前用人单位已经补正有关程序的除外。本案中，公司在仲裁及一审时并未提交履行这一程序的证据。

综合以上几点，仲裁委员会认为公司解除与老曹的劳动合同系违法解除。《劳动合同法》第 48 条规定，用人单位违反本法规定解除或者终止劳动合同，劳动者不要求继续履行劳动合同或者劳动合同已经不能继续履行的，用人单位应当依照本法第 87 条规定支付赔偿金。仲裁委员会最终裁定公司向老曹支付赔偿金。公司不服裁决，提起诉讼，一审法院仍维持了仲裁裁决。

常见套路或误区：

很多用人单位在制定和修改规章制度时不履行民主程序，而是由人力资源部起草、由领导拍板决定，然后告知劳动者。发生劳动争议时，用人单位无法证明规章制度的制定和修改履行了民主程序。司法实践中，有部分案例仲裁委员会或法院仅审查了公示告知程序，对制定和修改规章制度的民主程序并未严格审查就认定劳动合同系合法解除。

不少劳动者入职新单位后，不认真阅读单位发的员工手册或者公布的规章制度，直到单位对违纪行为进行处罚时，才去翻看相关规章制度。也有劳动者认为，用人单位以严重违反规章制度为由辞退就应当向自己支付赔偿金。

应对建议：

建议用人单位严格依法制定和修改规章制度。人数较少的用人单位，可以召开全体职工大会讨论通过规章制度并形成有劳动者签字的会议纪要或者通过邮件向全体劳动者征求意见。人数较多的用人单位可以先召开全体职工大会选举产生职工代表并形成有全体职工签字的会议纪要，后续规章制度的制定和修改就可以由职工代表大会讨论通过。有工会的用人单位还应确保工会的参与。规章制度相当于用人单位的内部"法律"，不建议频繁修订，涉及奖惩的规章制度应保持一定的稳定性。

劳动者应熟悉用人单位的规章制度，以免在日常工作中因违纪被处罚。

2. 劳动者不签字，用人单位的规章制度就对他无效吗？

> 老曹是某公司的员工，入职时公司人事部门领导只是口头告知他公司的员工手册等制度都在内网上，让他自己去看，并没有像老曹在上一家单位入职时一样，要求他签《员工手册签收单》。老曹认为，只要自己不在公司规章制度上签字，规章制度就对他无效，将来公司无法证明他知道该制度，也就无法对他进行处罚。老曹担心去内网浏览制度会留下痕迹，就没有去看。后来老曹在工作中收了客户一张价值 1 000 元的礼品卡，公司发现后以规章制度中有"收受客户 500 元以上的礼品、礼金属于严重违纪"的规定，将老曹辞退。

案例评析：

本案中，老曹误以为规章制度的有效性仅仅取决于自己签字确认。实际上，用人单位公示和告知规章制度的方式有很多种，签字只是其中最直接的一种。用人单位可以通过各种方式公示规章制度，只要公示方式合法，能证明劳动者应当知晓制度内容，规章制度即对劳动者产生约束力。

常见套路或误区：

有劳动者认为，只有在规章制度上签字，这些规章制度才会对自己产生约束力。这是一个很大的误区。只要用人单位按照法律规定的程序和方式公示了规章制度，就可以认为劳动者已知悉，那么即使劳动者没有签字确认，这些规章制度仍然对劳动者有约束力。有的劳动者抱有和老曹一样的想法，刻意不去阅读用人单位的规章制度，这实际上并非明智之举。

有的用人单位在劳动者入职时要求劳动者签署一份知悉规章制度确认单,上面仅列明规章制度的名称,并不将制度内容告知劳动者,劳动者碍于刚入职,不好意思提出查阅的要求,虽在确认单上签名,但对规章制度的内容一无所知。

应对建议:

建议劳动者充分了解用人单位的规章制度。在规章制度的制定和修改过程中行使自己的权利,对有异议的条款可以向用人单位提出,也可以与人力资源部或上级领导进行沟通,确保自己的权益不受损害。

劳动者应该认识到,只要规章制度合法,且已经得到合理公示,那么它就具有约束力。劳动者不在规章制度确认单上签字,不影响该规章制度对其自身的效力。

3. 劳动者旷工,用人单位能解除劳动合同吗?

案例

老曹在某公司已工作数年,某天在上班时接到了老家一位老同学去世的噩耗。老曹和该同学是发小,于情于理要回去参加葬礼,送老同学最后一程,但往返至少需要3天时间,老曹年假已经休完,这种情况又不符合丧假的休假条件,老曹只能在办公系统中发起事假的休假申请。但部门最近换了领导,各项工作抓得比较严,领导认为现在正是项目上线的关键阶段,因此没有批准老曹的事假申请。老曹认为自己是公司的老员工了,领导的做法有点不近人情,即使领导没批,自己有必须休假的理由,未经批准就休假公司也不会处罚自己。于是,老曹返回老家参加了同学

> 的葬礼，导致连续3天未到岗。公司认为老曹的行为构成旷工，按照公司制度"连续旷工3日的属于严重违纪"，老曹在公司未批假的情况下擅自离岗，已经对用工管理造成严重影响，公司以此为由解除了与老曹的劳动合同。

案例评析：

因旷工、迟到或早退等违反考勤纪律而被辞退的情况并不少见。本案中，尽管老曹自认有不得不请假的理由，但由于事假是需要公司批准的，在未经批准的情况下擅自离岗，很容易被认定为旷工，公司的规章制度中又明确规定了关于旷工的处罚措施，且老曹的行为确实违反了该规定，所以公司有权解除与老曹的劳动合同。

常见套路或误区：

有的用人单位认为旷工是很严重的违纪行为，一旦劳动者旷工就可以辞退，但实际上并非如此。也有用人单位的规章制度中将迟到或早退达到一定程度视为旷工，如规定"迟到超过30分钟的，视为旷工半日"，这种规定并不合法：劳动者虽然迟到但仍然提供了劳动，不能视为旷工。

应对建议：

建议用人单位在规章制度中明确规定，迟到、早退或旷工等违反考勤纪律的行为达到何种程度才属于严重违纪，单位才可以解除劳动合同，以减少劳动争议案件发生时裁判机构对严重程度进行酌定裁量的可能性。

旷工几天可以解除劳动合同？现行有效的法律并没有进行规定。《企业职工奖惩条例》中对旷工有所规定，但该条例已经废止。用人单位可依据自身管理需求在制度中予以具体规定。用人单位规章制度有规定的，裁判机构在审理时一般会予以尊重，但相关规定不能过分不合理。如规定旷工1日即可辞退，则有些过于严苛，用人单位操作起来也有一定风险。旷工属于无正当理由缺勤，发生争议后如果劳动者举证证明当日有不可抗拒的因素导致无法履行请假手续，则用人单位就会败诉。审判实践中一般认为连续旷工3日（含）及以上属于严重违纪是合理的。实践中，规定"连续旷工2日属于严重违纪"的，也不一定会被认为不合理，很多裁判机构还是倾向于尊重用人单位的制度规定，但对于用人单位来讲，规定连续旷工2日属于严重违纪，可能存在操作风险。除了连续旷工的情形，还有必要规定累计旷工达到一定天数属于严重违纪，无论是规定月度累计、季度累计还是全年累计，只要在合理限度内均可。

对于迟到、早退多少次属于严重违纪，用人单位也应在规章制度中予以明确。具体如何规定，还是要看用人单位管理需求，同时要注意处罚应与行为的严重程度相当。有的案件中，裁判机构认为用人单位依据"1个月内累计迟到3次"的标准解除劳动合同合法，但如果不是对到岗时间要求比较严格的岗位，在早高峰经常发生交通拥堵的城市，这样的规定可能被认为不合理。用人单位还要注意，对于劳动者迟到、早退的行为，一经发现要及时纠正、处理，不要长期放任不管。如劳动者屡教不改，则用人单位予以辞退也有合理性。

4. 劳动者未参加年中述职，用人单位能否以不服从工作安排为由辞退？

> **案例** 老曹在软件科技公司工作了11年，人到中年，正面临职场的年龄尴尬。公司2023年初拟减员增效，老曹在被裁减人员名单上，人力资源部及直属领导3月初就和老曹谈过多次，想协商解除劳动合

同并按老曹在本单位的工作年限（每满1年补偿1个月工资）来支付补偿金，老曹始终没同意，一方面是因为在公司工作多年，确实有感情，另一方面是为这家公司的薪酬较高，再找工作的话，很难达到现在的薪资水平。之后老曹发现自己被部门领导刻意针对，开始是不安排工作，架空自己，发现没有效果后，又改变方法，在工作上给自己施加压力，正常需要1个月才能完成的工作，领导要求两天就必须完成，并且还说如果完不成就是不服从工作安排。经过跟领导沟通，最后老曹争取到半个月的时间，加班加点地工作。7月8日，助理发邮件给部门全体人员，通知7月12日在会议室召开年中述职会议，老曹因在赶项目，回复邮件说上半年工作量少，且项目时间紧张，就不参加述职了。7月11日助理又群发邮件称因12日总部有其他安排，将会议时间变更为7月13日。7月12日晚，助理在老曹回复不参加述职的邮件下要求其参加7月13日的述职。7月13日凌晨，老曹感觉胸口疼，于是一早去医院进行检查，当日请了病假，未能参加公司述职会议。7月14日，老曹返岗上班，助理又给老曹发邮件称为其在7月14日下午3点单独安排了一场述职，由于老曹负责的项目要在7月15日前完成上线，时间紧张，老曹担心去述职耽误上线进度，于是发邮件回复说上半年工作量少，没什么可汇报的，目前的项目时间紧，就不参加述职了。项目顺利上线后，7月25日，部门领导又找老曹面谈，老曹就上半年的工作向领导进行了汇报，并且要求向领导汇报下半年工作计划，被领导拒绝。领导仍想与老曹谈解除劳动合同的问题，老曹未同意。8月1日，老曹收到公司的《解除劳动合同通知书》，通知书载明因老曹多次拒不参加公司述职，不服从工作安排，已构成严重违纪。老曹不服，遂提起劳动仲裁。仲裁裁决认为公司解除劳动合同合法，驳回老曹的仲裁请求，老曹遂提起诉讼。

案例评析：

"不服从工作安排或上级指示"这一理由有点像个"筐"，但不能什么都往里装，更不能只要员工不服从工作安排就将其辞退。本案中，该公司规章制度中是这么规定的："没有正当理由，不服从上司的指示或工作安排，情节严重或影响恶劣或造成严重损害的，属于严重违纪，公司可予以辞退。"公司的这一规定没有什么问题，比仅规定"不服从工作安排或上级指示属于严重违反规章制度的行为"要合理得多，毕竟后者如果涉诉，裁判机构会对不服从工作安排或指示的行为是否严重到足以解除劳动合同的程度进行裁量。"没有正当理由"的前提也是必要的，因为适当允许下属与上司在工作上有不同看法和意见是必要的，以防止上级瞎指挥或管得太死。即使规章制度中没有写明"无正当理由"，在案件审理中，如劳动者未服从工作安排有正当理由，特别是事先已经向领导陈明缘由的，劳动者也可以以此抗辩。

本案中，公司的规定虽然没有问题，但在操作中存在一定的偏差。公司认为老曹的行为"情节严重或影响恶劣或造成严重损害"，应当提供证据证明。老曹认为述职只会影响个人绩效，且公司已经在上半年考核中给老曹打了低分，自己没有参加述职，并不属于情节严重或造成严重损害的情形。公司在案件审理中提交了7月12日述职通知邮件、12日晚助理单独回复老曹要求其参加7月13日述职的邮件及通知老曹参加7月14日述职的邮件，欲以这三封通知邮件来证明老曹多次拒不参加部门述职，属于情节严重的情形。实际上，由于部门安排变动，7月12日并没有进行述职，7月13日的述职老曹虽未参加，但因病且请了病假，属于有正当理由，老曹因项目紧张没有参加7月14日的述职是否属于有正当理由可能存在争议，但综合考虑，如果将老曹的行为认定为情节严重，则不够合理。但由于老曹离职后无法登录企业邮箱，无法提供证据证明公司已经将述职时间由 7 月 12 日变更为 7 月 13 日，仲裁委员会依据用人单位提供的三封通知邮件认定公司三次通知老曹参加述职，但老曹均拒不参加，构成严重违纪。老曹不服仲裁裁决，向法院提起诉讼。该公司规章制度将违纪行为分为轻微违纪、一般违纪和严重违纪，相对应的处罚分别是警告、降职降级和辞退，因公司规章制度中所列举的很多轻微违纪和一般违纪行为，比老曹的行为严重得多，故在诉讼中如果裁判机关审查老曹的行为和公司处罚是否具有相当性的话，老曹仍有胜诉的机会。

常见套路或误区：

有些企业在规章制度中滥用"不服从工作安排或上级指示"，不分情节轻重，认为只要劳动者"不服从工作安排"就属于严重违纪，对于想辞退的劳动者就可以用这个理由辞退。这种做法实际上给用人单位埋下了劳动纠纷的隐患，因为在审理时，裁判机构会对规章制度的合理性和行为与处罚结果的相当性进行审查，违纪行为只有达到"严重"的程度，才会导致最严厉的处罚，即丧失工作且无法获得任何补偿。

应对建议：

需要提醒的是，在劳动争议案件的审理中，裁判者会综合考虑案情、证据以及价值判断，个案细节不同，结果可能完全不同。

用人单位在考虑劳动者是否构成严重违纪，以及是否可以以此为由解除劳动合同时，以下角度可供参考：

（1）劳动者的行为是否严重影响生产经营秩序或造成重大损失——不仅包括经济损失，还包括对企业形象、商誉等的损害。

（2）考虑行为的频率及是否屡教不改。一般认为三次就属于多次。建议在规章制度中明确以违规行为达到一定次数作为"严重"程度的考量标准。

（3）用人单位的业务及职位是否有特定的、更严格的要求。比如火车司机和一般行政人员未准时到岗的影响肯定是不同的。

（4）考虑劳动者主观过错，是故意、重大过失，还是只是一般过失。

（5）考虑违纪行为与处罚结果的相当性，辞退仅针对用人单位无法容忍的、一旦发生将导致双方劳动关系无法继续的严重违反规章制度的行为，应在用人单位采取警告、调岗等均无法达成惩戒目的时适用；辞退是最后才用的手段，不得滥用。如规章制度中对违纪行为规定有较轻处罚的，不应直接辞退。

（6）建议"一事不再罚"。

（7）注意时效性，要及时纠正或处理劳动者的违纪行为，如果用人单位怠于处理则可能会削弱劳动者违纪的"严重"程度。"秋后算账"可能会被认为发现后长期未处理而失去处罚的合理性。

劳动者要了解用人单位的规章制度，尽量严格遵守，避免给用人单位辞退自己提供理由和借口，让自己陷入被动局面。

5. 劳动者拒签文件，用人单位予以解雇，是否合法?

> **案例** 老曹2008年4月入职某汽车销售公司，担任销售代表。2021年9月24日，老曹违反了公司的制度规定，擅自驾驶公车离开4S店。公司发现当日立即给老曹一个警告处分，并要求老曹在警告函上签字。但老曹拒绝在警告函上签字，认为当日自己开车离开4S店是去接总部领导的一位亲属。公司向该领导核实时，该

领导却说自己没有给过老曹类似指示。因此，公司以严重违纪为由将老曹解雇。不甘心的老曹提起仲裁，但仲裁委员会未支持老曹的请求。之后，他又向法院提起诉讼。一审法院认为，用人单位的规章制度虽然没有违反任何法律或法规，但《员工手册》中把"拒绝签收公司文件"定义为严重违纪行为，过于笼统和严苛。因此，一审法院认定公司违法解雇。不满此判决的公司选择上诉，二审法院推翻了一审判决，改判公司的解雇行为合法。

案例评析：

在这个案例中，公司的《员工手册》明确规定"员工拒绝签收公司送达的文件视为严重违纪"。公司据此作出了解雇决定。对于该规定是否合理，仲裁委员会、一审法院、二审法院作出了不同的认定。这表明，在审理个案时，对相同的事实会有不同的考量，进而作出不同的裁判。

常见套路或误区：

许多劳动者认为，对于自己认为不合理的文件，或者签收后对自身会产生不利影响的文件，可以拒绝签收。但实际上，拒绝签收和拒绝接受是两回事。很多用人单位的规章制度仅仅规定不能拒签，而不是不能表示拒绝或者认可内容。

应对建议：

面对公司送达的文件，不能盲目拒签，特别是在公司制度有相关规定的情况下。即使不同意文件的内容，也可以签下"不认可"、"不同意"或"与事实不符"等字样，这样既表明了自己的立场，又不违反规定。

劳动者应熟悉用人单位的规章制度。与用人单位产生意见分歧时，要合情合理地表达自己的观点，不要简单地"硬刚"。

6. 劳动者因工作疏漏给用人单位造成损失被辞退，还得赔偿用人单位？

> **案例**
>
> 老曹在一家公司负责直播销售工作。某日老曹负责一场直播销售活动时，商品的原价为998元，但老曹误将价格标注为9.8元，导致100件货物被抢购一空。公司认为老曹的失误导致公司产生了9万余元的经济损失，属于严重失职给单位造成重大损失的情况，依据《劳动合同法》第39条第3项将老曹辞退，并要求老曹承担相应的经济责任，对公司给予一定的赔偿。

案例评析：

该案可以从以下几个方面入手分析：

第一，老曹是否存在严重失职行为？我们要对行为定性，确定这次事件是否真的是因为老曹的失误造成的。公司调取监控发现产品上架时老曹正在微信回复私人消息，可以看出，老曹的确有失误。在对老曹进行调查时，老曹也承认是自己失误了。

第二，损害结果是否存在，是否达到重大损失的程度？该公司规章制度规定，员工因失职给公司造成经济损失5 000元以上的属于严重损害，可以辞退。本案中，公司主张的经济损失已经超出了上述规定的金额。

第三，老曹的严重失职行为与重大损害结果之间是否存在因果关系？本案中，老曹在工作中回复私人消息，是导致损害结果发生的直接原因，因此本案在责任认定上没有争议。

本案中有一个特殊情节需要考虑：公司主张的9万余元经济损

失是以预计的销售额认定的，老曹认为公司这 100 件商品的采购成本仅为 4 000 余元，尚未达到公司规章制度规定的重大损失的程度，因此认为公司辞退自己是违法的。本案中，以商品的成本价来评估实际损失更为合理。

常见套路或误区：

有些用人单位认为劳动者在工作中犯错，就应该全额赔偿公司损失，并以此为由采取扣发工资等措施，但这一操作存在风险。

有些劳动者因工作疏漏给用人单位造成重大损失，用人单位以此为由让劳动者自行离职，劳动者往往认为自己理亏并且担心用人单位索赔，不经过仔细分析就提交辞职申请。

应对建议：

为了避免对是否造成"严重损害"缺少判断依据、完全交给裁判机关衡量，建议用人单位在规章制度中对重大损害进行明确规定。《工资支付暂行规定》第 16 条规定，因劳动者本人原因给用人单位造成经济损失的，用人单位可按照劳动合同的约定要求其赔偿经济损失。经济损失的赔偿，可从劳动者本人的工资中扣除。但每月扣除的部分不得超过劳动者当月工资的 20%。若扣除后的剩余工资部分低于当地月最低工资标准，则按最低工资标准支付。因此，用人单位可以在劳动合同中设置相关条款，约定劳动者给公司造成损失的，用人单位可以直接从其工资中逐月扣除损失赔偿额。如没有上述约定，则不建议在未经劳动者同意的情况下，直接从工资等劳动报酬中扣除应赔偿的经济损失。另外，无论是否有约定，扣除应赔偿的经济损失时，都不得超过月工资的 20%，同时扣除后剩余部分不得低于当地月最低工资标准，该规定是为了保护劳动者的基本生存权利。如用人单位未经劳动者同意或者在无约定的情况下，全额扣除劳动者工资,很容易引发未足额支付工资的争议。用人单位可以要求劳动者赔偿,如劳动者拒绝赔偿,用人单位可以提起仲裁进行索赔。

并非任何情况下劳动者都要全额赔偿损失,建议结合劳动者的过错程度、收入水平、所从事岗位的风险高低、用人单位有无管理疏漏、造成损害的程度等来确定劳动者的赔偿额。如果双方就赔偿比例发生争议,裁判机关会综合考虑案件情况,在兼顾双方利益的基础上酌定劳动者承担一定比例的赔偿责任。

7. 检讨书中的自认能推翻吗?

> 小案例
>
> 老曹在工作中犯了一个错误,公司通知他交书面检讨。由于老曹敏感于其中可能的风险,他最初决定不写。但是,直属领导与他进行了交流,暗示只是需要老曹表态,并不会有实质性后果。老曹在领导的劝说下多次修改并提交了检讨书,其中详细列出了违纪行为的时间、地点、人物、原因和经过,并写了"愿意接受单位的任何处罚",以表明自己有一个很好的悔过态度。3天后,他接到了单位以"严重违纪"为由的解雇通知。老曹不服,提起仲裁,仲裁委员会认为老曹在检讨书中已经承认违纪行为并且表示愿意接受处罚,公司依据该检讨书及规章制度予以辞退并无不当。

案例评析:

老曹提交的检讨书减轻了用人单位对老曹存在违纪行为的证明责任,也就是说老曹自认了。老曹在庭审中辩称检讨书是在上司引导下写的,但无法提供证据证明。检讨书为公司解雇老曹提供了一个"正当理由",也给仲裁裁决提供了依据。

常见套路或误区：

有的用人单位十分擅长使用劳动者自认这一手段,有的表现在"检讨书"或"悔过书"中,有的表现在"监察笔录"或"调查笔录"中,相同之处在于其中都会有劳动者对于自身行为的陈述,甚至有对违纪行为的认可,有接受处罚的意思表示,有劳动者亲笔签名,因而难以推翻。面对提交检讨书的要求,劳动者还可以在其中陈述理由,为自己做一些辩护,但对于"笔录"类证据,通常用人单位会多次询问、多次谈话,甚至分别找相关人员谈话,以达到获取有利证据的目的。

应对建议：

劳动者应坦然面对错误,在签署任何与自己的错误、失误相关的文件之前,尽量确保文件记载的内容与自己的表述一致;与直属领导或HR进行此类沟通时,尽量采取审慎的态度。在任何情况下,不建议劳动者签署可能对自己产生不利后果的文件,除非拒绝签署会导致更严重后果。如果劳动者已经签署了相关文件,建议尽快寻求法律支持,并采取措施维护自己的权益。总的来说,对于工作中的错误,劳动者应改正,但也要保护自己,不要在不了解后果的情况下轻易"认错"。

推翻自认的难度非常大,须提供证据证明事实并非如此,且要对之前的自认有合理的解释并能提供证据证明。常见的推翻自认的理由有被胁迫、被诱导或基于误解等。

8. 贪小便宜吃大亏，滥用用人单位福利待遇被辞退！

> **案例**
>
> 老曹在某公司工作多年。该公司有规定，员工晚上加班可以报销打车费，但每月有金额上限。公司对票据的管理并不严格，只要提供正规的发票就可以报销。然而，当公司计划裁员时，财务部门翻查了老曹前两年的报销记录，指出他虚假报销，严重违反公司的报销制度，属于严重违纪，并予以辞退。

案例评析：

本案中，公司明确规定"虚假报销"属于严重违纪行为。老曹加班有时是自己开车，没有发票，他从朋友处找了一些交通费发票来报销，而且每次报销都获得了公司的批准。老曹后来认为公司对于加班车费发票的审核不严格，实际是公司想通过这一方式给员工增加福利，别人都这么报销，自己报销也没有问题，所以每个月都满额度报销加班车费。对于那些真正加班实际支出了交通费的员工，如因票据遗失等而使用其他发票来顶替的，公司惯例是允许用替票，员工如果可以证明这一惯例的存在，结合支付记录，仍有希望胜诉。但老曹没有实际的交通费支出，甚至没有加班也提供票据进行报销，仅仅为了领取这种口口相传的"福利"。无论发票真伪，这种行为均属于"虚假报销"，性质就很严重了，一经发现，不但可能会被以严重违纪为由辞退，还可能会被仲裁或起诉要求赔偿损失，金额较大的，甚至可能要负刑事责任。

常见套路或误区：

许多用人单位都有不明文规定的待遇，劳动者在没有明确证据的情况下，可能会误以为这是用人单位对他们的承诺。但当发生纠纷时，口头的承诺难以证明。

应对建议：

（1）劳动者应当严格遵守规章制度。对于用人单位提供的某些福利，劳动者在享受时要严格遵守公司的规定。对于一些不合规操作，不要认为用人单位默认就是不禁止。

（2）获取证据。当用人单位口头上提供福利或承诺时，劳动者要尽可能获取书面证据或者以邮件、聊天记录等形式留存相关证据。

（3）加强自我保护。对于任何与个人权益、待遇有关的事务，劳动者都应当有一个清晰的了解，确保自己的权益不被侵犯。

9. 制度中没规定，是否就不能辞退？

案例

老曹是某自来水集团公司下属分公司的一名老员工。因公司发现老曹2020年到2021年有四次收取水费未入账，且在2021年8月17日在柜台办理业务时与客户发生争执，被客户投诉。公司安排老曹自2021年8月18日开始为期2天的规章制度脱产学习并进行考试。老曹考试成绩不及格，公司于是又安排其脱产学习。老曹于2021年8月27日、8月30日两次拒绝考试，公司向其发送《告知书》，《告知书》中说明了老曹存在违反公司规章制度的行为、考试不及格，故安排其继续脱产学习并考试。老曹拒绝在《告知书》上签字确认。此后，老曹在2021年9月27日、11月5日两次拒绝公司安排的考试。2021年11月12日，分公司向老曹送达《解除劳动合同警告书》，给予老曹警告处分，安排老曹待岗（脱产）学习3个月，学习期满仍无悔改表现或考核不合格，则依法辞退。老曹拒绝在《解除劳动合同警告书》上签字确认。2022

年1月4日，分公司负责人与老曹谈话，决定给予其一次延长考察期的机会，并提出让其在《告知书》《解除劳动合同警告书》上签字确认、认真书写检查、提交书面申请等条件，并告知其满足条件后的考察期、考试、考核安排以及复岗条件。但老曹未提交相关材料，亦未在《告知书》和《解除劳动合同警告书》上签字确认。2022年3月22日，老曹又一次拒绝公司安排的考试。2022年4月6日，公司向老曹送达了《关于解除劳动合同的决定》。

案件审理中，分公司提交了《分公司违纪职工管理办法》，该管理办法第3条规定，公司对违纪职工执行"违纪登记""解除劳动合同警告"制度，同时按照有关规定给予相应处罚。对于经过批评教育仍未改正或违纪情节严重的职工，依法解除劳动合同。

老曹认为公司没有在解除劳动合同警告前进行"违纪登记"，直接给予解除劳动合同警告不符合程序，且公司制度并未明确"收费不入账""与客户争吵""不考试"行为属于严重违反劳动纪律，且自己事后已经通过"补交"和"给客户道歉"的方式解决了问题，公司的解除劳动合同理由中并没有说是因考核不合格，因此属于违法解除。

案例评析：

仲裁委员会裁定公司解除与老曹的劳动合同合法。虽然《分公司违纪职工管理办法》列举了何种情形下应出具"解除劳动合同警告"，但实际上在劳动合同履行过程中，用人单位的规章制度囿于制定条件，难以包罗万象，无法做到对所有可能发生的情形都穷尽列举。老曹违反规章制度后，多次拒绝公司安排的考试并拒绝在《告知书》上签字确认，在这种情况下，公司出具《解除劳动合同警告书》具有合理性。老曹多次拒绝管理的行为可以视为没有悔改表现，其多次拒绝参加考试，可以视为其考核不合格。关于处理程序，仲裁委员会认为从公司制度本身来看，进行违纪登记并非发出解除劳动合同警告的前置程序，仅为发出解除劳动合同警告十四种情形中的一种；发出解除劳动合同警告亦非解除劳动合同的前置程序，仅为有权解除劳动合同第一种情形中的前提要件。

  本案中，老曹的行为在公司的相关规章制度中没有明确列举，但并不是说员工做出规章制度中没有规定的行为，公司就不能以严重违纪为由辞退。仲裁委员会在进行裁判说理时，引用了《劳动法》第 3 条第 2 款的规定，即"劳动者应当完成劳动任务，提高职业技能，执行劳动安全卫生规程，遵守劳动纪律和职业道德"。仲裁委员会认为上述规定是对劳动者的基本要求，也是公平原则和诚实信用原则在劳动合同履行过程中的具体体现。即便在规章制度未作出明确规定、劳动合同亦未明确约定的情况下，如劳动者存在严重违反劳动纪律或职业道德的行为，用人单位也可以依据《劳动法》第 3 条第 2 款的规定与劳动者解除劳动合同。如果仅因为用人单位规章制度没有对劳动者实际发生的严重违反劳动纪律的行为全部覆盖，就令用人单位不得解除劳动合同，则有违公平原则和诚实信用原则，也是对劳动者违纪行为的过度纵容。未被规定在规章制度中但是严重违反劳动纪律的行为，其性质与规章制度中规定的严重违反劳动纪律的行为具有同质性，两者对和谐劳动关系以及对正常劳动秩序的破坏性并无区别。因此，对前者的处理也就可以比照对后者的处理，从而，基于公平原则和诚实信用原则，在劳动者违反劳动纪律的行为达到严重程度时，可以视为严重违反用人单位规章制度，用人单位得类推适用《劳动合同法》第 39 条第 2 项的规定解除劳动合同。对劳动者的行为是否达到"严重"的程度，应当在充分考虑劳动者的主观过错程度、影响的严重程度，用人单位管理行为的必要性、妥当性以及是否存在激化矛盾等不当情形的基础上，对劳动者违反劳动纪律的行为做审慎的审查，严格掌握，以期在平衡保护劳动者合法权益与用人单位用工自主权的同时，避免对《劳动合同法》第 39 条第 2 项的类推适用被泛化，避免导致用人单位侵害劳动者合法权益的后果。

常见套路或误区：

规章制度并不能穷尽列举所有的违纪行为，用人单位在考虑是否以严重违反规章制度为由辞退劳动者时，可能会认为不能以制度中没规定的违纪行为为依据解除劳动合同。也有劳动者认为用人单位未对特定行为予以规定，就不能以该行为严重违纪为由辞退自己，进而错误判断形势，最终导致被辞退。

应对建议：

建议用人单位尽量在规章制度中对应解除劳动合同的情形进行全面、详尽的规定，如果现行制度中没有规定，或者规定的情形与劳动者的行为不完全一致，可以考虑以劳动法中关于"劳动纪律"的规定来加强解除劳动合同的合理性，但只有劳动者的违纪行为达到严重程度，严重影响企业管理秩序时，才可以做辞退处理。

建议劳动者在劳动合同履行过程中秉持基本的诚信原则，遵守劳动纪律，不随意对抗企业管理。

10. 孕期女员工也可以被辞退？

案例　老曹原系 A 公司员工，岗位为操作员，工作地点为生产车间。2016 年 6 月 11 日，医院检验报告单显示老曹怀孕。2016 年 6 月 16 日，A 公司向老曹发出《解除劳动合同通知书》，称"你从 2016

年 5 月 31 日至 6 月 6 日，旷工 3 天；故意不服从上司的指示，拒绝到岗工作，造成生产损失累计超过 5 000 元。你的行为符合公司《员工手册》第 4 条第 2 项、第 12 项之规定，属于严重违反公司规章制度的行为。公司根据《员工手册》第 4 条第 2 项、第 12 项和《劳动合同法》第 39 条第 2 项之规定，决定于 2016 年 6 月 16 日与你解除劳动合同，公司依法不支付任何经济补偿金。"老曹确认收到上述解除通知。同日，公司就上述解除事宜征求工会意见，工会回函知悉并同意解除。

老曹认为自己属于"三期"女职工，按照法律规定，公司不能随意辞退。并且，自己并未旷工，不存在严重违反管理规定的行为。老曹自述自己是依照公司排班表上班的，自 5 月 31 日晚上至 6 月 6 日，老曹本应上班，但老曹及其他员工一直在餐厅，并没有在自己的生产岗位上，是因为车间门口有保安，不让老曹等员工进入，并要求老曹等员工均在餐厅等待。

A 公司则称，2016 年 5 月 31 日下午，公司按计划与员工沟通公司将被收购事宜，但是有员工挑动罢工，冲突多发。为保护员工身体安全和维持公司正常生产经营，公司相应提升了安保级别。此后在 6 月 6 日、6 月 8 日 A 公司相继解除了与部分员工的劳动合同。6 月 8 日后 A 公司安排大量人员回家待命，经公司谈话后确定真正想留下上班的人员回厂上班，并与不承认错误的员工解除了劳动合同。老曹自 2016 年 5 月 31 日起停工，公司与老曹沟通后其拒绝返岗，给公司造成巨大经济损失。因此，公司依照《员工手册》和劳动合同法规定辞退老曹有合法依据。即使老曹被辞退时处于孕期，在其严重违反公司管理规定的情况下，辞退其也不违反法律的相关规定。为证明自己的主张，A 公司提供了相关证据。

案例评析：

本案的争议焦点为 A 公司与老曹解除劳动合同是否违法。首先，就违纪事实而言，A 公司提供的视频资料、照片等证据以及双方当事人的陈述足以证明老曹于 5 月 31 日至 6 月 6 日未能在其生产车间的岗位上工作，而是聚集在餐厅等非工作场所参与停工。老曹主张其在这一时段未工作是由于公司不让她进入生产车间，但老曹未能就此举证证明，仲裁庭对老曹的陈述不予采信。劳动者对于用人单位生产管理、劳动保护与福利待遇等方面如果有意见，应在不违反规章制度的前提下，尽可能与用人单位通过沟通解决，并通过合法途径来表达相应诉求。A 公司作为用人单位，对劳动者提出的问题进行了积极处理并动员老曹等人恢复生产，在此情况下，老曹作为劳动者理应到岗工作，履行劳动义务，但老曹直至 6 月 6 日仍未能到岗工作，故 A 公司认定老曹上述行为属于连续旷工 3 天的违纪行为，并无不当。其次，就解除依据而言，老曹连续停工的行为已经违反了《员工手册》的规定，亦违反了基本的劳动纪律，虽然老曹系"三期"女职工，但即便是怀孕了，也应当履行劳动合同，遵守公司规章制度及基本的劳动纪律，A 公司依据《员工手册》解除劳动合同，符合法律规定。最后，就解除程序而言，老曹的行为已构成严重违纪，A 公司已将解除劳动合同通知送达老曹，并就解除事宜告知了工会，履行了征求工会意见的程序性义务。综上，老曹的行为已严重违反规章制度，A 公司解除与老曹的劳动合同，有制度及事实依据，并履行了征求工会意见的程序性义务，系行使经营管理职权的正当行为，老曹要求支付违法解除劳动合同赔偿金的请求，无事实和法律依据，仲裁庭不予支持。

常见套路或误区：

处于"三期"（孕期、产期、哺乳期）的女职工可能会错误地认为自己绝对不会被公司解雇。实际上，处于"三期"的女职工不服从合法合理的工作安排，或者有其他严重违反用人单位管理规定的行为，如泄露公司商业秘密、无故旷工、不履行劳动合同规定的义务等，也会被用人单位合法辞退。对处于"三期"女职工的特殊保护并不是绝对的。

应对建议：

处于"三期"的女职工应当了解自己享有的合法权益以及应当履行的义务。女职工处于"三期"的，用人单位不能以不能胜任工作、订立合同时依据的客观情况发生重大变化致使劳动合同无法履行、裁员为由，予以辞退。同时，处于"三期"的女职工也要履行劳动合同中规定的义务，遵守用人单位的规章制度，不违法违纪。

用人单位应当与处于"三期"的女职工积极沟通，合理安排工作内容，明确其应休假期的时间等，保障女职工的合法权益。

处于"三期"的女职工的合法权益被用人单位损害，如随意辞退、克扣工资、安排不合理的工作等，女职工应勇于拿起法律武器，维护自己的合法权益，可以向工会、妇联反映，寻求帮助，也可以申请仲裁，要求用人单位对自己的损失进行赔偿。

第九章 主动离职与被迫离职

本章讲的主动离职是指劳动者主动辞职的情况。《劳动合同法》第37条规定，劳动者提前30日以书面形式通知用人单位，可以解除劳动合同。劳动者在试用期内提前3日通知用人单位，可以解除劳动合同。

第九章 | 主动离职与被迫离职

1. 劳动者解除劳动合同，必须经用人单位同意吗？

> 案例
>
> 老曹在一家中型企业工作，他觉得公司的工作环境不适合自己，在找到更好的工作机会后，便在公司办公系统中提交了辞职申请，但上级领导一直不批准老曹的辞职申请，说让老曹再等一段时间，等项目结束了再走。眼看新单位规定的入职时间马上就要到了，领导还是不给批。老曹之前就听闻这家公司"离职很难，领导不批"，没想到自己也遇到了。老曹十分着急，但他不确定自己能否直接离职。

案例评析：

老曹的疑惑源于一些常见误区。依据劳动合同法的规定，如果劳动者因个人原因希望离职，提前30天通知用人单位即可，试用期内则是提前3天通知用人单位即可，不必经用人单位同意。劳动者要确保通知送达用人单位并且要保留证据。此外，如果用人单位存在欠薪、未按照劳动合同约定提供劳动保护或者劳动条件等问题，劳动者有权以此为由立即解除劳动合同，无须提前通知，并可以要求支付经济补偿金。这就将主动辞职转化为被迫解除劳动合同了，劳动者被迫解除劳动合同不必提前通知用人单位。

常见套路或误区：

有些用人单位认为劳动者离职需要自己同意；如果自己不批准，劳动者就不能离职。事实上，劳动者有权根据自己的情况提出离职，依法提前通知即可。

职场人必读：劳动纠纷解决实务

应对建议：

劳动者解除劳动合同是很容易的，提前通知即可。如未提前通知，劳动者突然离职，用人单位无法在短时间内找人接替工作，导致业务中断，可能会主张劳动者的突然离职给用人单位造成了损失，要求劳动者赔偿损失。

在用人单位不批准离职申请时，劳动者可以先与人力资源部门沟通，并要求用人单位尽快安排人员交接。建议劳动者保留与相关人员沟通的证据。如用人单位拒绝安排交接，劳动者可主动向上级领导或其他同事交付工作记录及办公设备，并且保留证据。

2. 劳动者被迫离职怎么办？

案例

老曹在一家知名技术公司工作，自2019年起担任项目经理。2022年第二季度，公司因经营困难开始拖欠员工工资。初期，老曹和同事们出于对公司的理解，选择耐心等待。然而，公司的经营状况并未好转，连续6个月拖欠工资。

老曹的生活陷入困境，多次要求公司支付欠薪，但公司以资金周转困难为由推迟支付。经过长时间的等待和反复协商，老曹无法继续承受这种经济压力，决定以公司拖欠工资为由解除劳动合同。他向公司提出解除劳动合同并要求支付经济补偿金，但公司以老曹自行辞职为由，拒绝支付。

老曹向当地劳动人事争议仲裁委员会申请仲裁，请求公司支付拖欠的工资及经济补偿金，最终获得支持。

案例评析：

本案中，公司连续6个月拖欠工资已构成严重违法行为，老曹解除劳动合同是基于合法和正当的理由，其有权要求公司支付相应的经济补偿金。

《劳动合同法》第 38 条规定，用人单位有下列情形之一的，劳动者可以解除劳动合同：（1）未按照劳动合同约定提供劳动保护或者劳动条件的；（2）未及时足额支付劳动报酬的；（3）未依法为劳动者缴纳社会保险费的；（4）用人单位的规章制度违反法律、法规的规定，损害劳动者权益的；（5）因本法第 26 条第 1 款规定的情形致使劳动合同无效的；（6）法律、行政法规规定劳动者可以解除劳动合同的其他情形。用人单位以暴力、威胁或者非法限制人身自由的手段强迫劳动者劳动的，或者用人单位违章指挥、强令冒险作业危及劳动者人身安全的，劳动者可以立即解除劳动合同，不需事先告知用人单位。经济补偿金的计算方式通常是员工在单位工作每满 1 年，支付相当于 1 个月工资的补偿金。

常见套路或误区：

许多劳动者认为主动辞职就无法获得经济补偿金。事实上，在用人单位拖欠工资等特殊情况下，劳动者主动辞职也有权要求经济补偿。

应对建议：

劳动者被拖欠工资时，应及时与用人单位沟通，并留下书面沟通记录。若公司拒不支付，劳动者可以通过劳动仲裁来要回被拖欠的工资。另外，劳动者依照《劳动合同法》第 38 条规定解除劳动合同的，用人单位应向劳动者支付经济补偿。

3. 劳动者被违法待岗，可以被迫解除劳动合同并要求支付补偿金吗？

小案例

老曹于 2016 年 11 月 21 日入职北京某知名科技公司，担任研发工程师。2021 年 12 月 23 日，公司突然向老曹发出待岗通知书，通知其自次日起待岗。公司承诺，在待岗期间为老曹提供不低于北京市最低工资标准的 70% 作为基本生活费，并继续为其缴纳社会保险和公积金。

2022 年 2 月 24 日，老曹因不满公司的待岗安排和待遇，发出被迫解除劳动合同通知书。他列举了公司不按劳动合同约定提供劳动条件，未与他协商就单方面安排其待岗，不及时支付劳动报酬，以及其他涉及其财产损失的行为，作为解除劳动合同的理由。2022 年 3 月 18 日老曹向北京经济技术开发区劳动人事争议仲裁委员会申请仲裁，要求公司支付解除劳动合同的经济补偿金 60 500 元。

仲裁庭审中，公司虽然承认老曹提交的证据的真实性，但对于证明目的表示不认可。2022 年 6 月 25 日，仲裁委员会作出裁决：支持老曹的诉求，要求公司支付解除劳动合同的经济补偿金 60 500 元。

公司不服仲裁结果，起诉至法院。在一审中，老曹详细陈述了公司在待岗安排上的不合理之处，例如，他所在的部门有 80 人，公司只安排他和另一人待岗，而其他员工都正常工作，在待岗期间，他的待遇未能达到原工资标准。公司以受疫情影响经营困难为由安排老曹和另一人待岗的说法显然是站不住脚的。一审法院支持了老曹的诉求，要求公司支付经济补偿金 60 500 元。公司不满一审判决，提起上诉。二审法院在审理后，维持一审法院的判决。

案例评析：

劳动法和劳动合同法对待岗的规定并不明确。所以，劳动者在被安排待岗时往往会感到手足无措。

本案中，老曹与公司之间的纠纷主要在于待岗是否合理、合法。公司以经营困难为由让老曹待岗，但并未提供证据证明经营困难这一事实，以及为何只让老曹和另一位员工待岗。

劳动者可从以下几个方面判断待岗是否合理、合法：用人单位是否只安排某个人或少数人待岗，而不是全员或全部门待岗？用人单位是否确实面临停工停产的情况？用人单位是否正式发布了待岗的公告或通知？

常见套路或误区：

面临用人单位的待岗安排，不少人以为用人单位有权这样做，而不去追问用人单位的待岗决定是否合理、合法。有些用人单位为了节省成本，会利用劳动者的这种认识，让部分劳动者待岗而不支付相应的补偿。

应对建议：

劳动者被安排待岗时，首先要判断待岗是否合理、合法。如果用人单位不能提供合理的待岗理由和证据，劳动者可以依据《劳动合同法》第38条第1款，以用人单位未按照劳动合同约定提供劳动条件为由解除双方的劳动合同，并要求用人单位支付经济补偿。

第十章　协商解除与离职谈判

协商解除劳动合同是用人单位与劳动者解除劳动关系最常见的方式。那么，该如何进行离职谈判？谈判时应注意什么？

1. 面对裁员的离职谈判，要明白三件事！

案例

老曹是一家知名企业的资深项目经理，已在公司工作15年，工作表现一直优异。但由于公司需要进行结构调整，老曹不幸收到了裁员通知。在接到人力资源部的通知时，老曹和许多人一样，并没有为即将到来的离职谈判做好准备。

在第一轮谈判中，人力资源部委婉地表达了公司的困难，并希望老曹能够理解和配合。在讨论补偿问题时，人力资源部明确表示公司愿意按照《劳动合同法》的规定支付相当于15个月工资的补偿金。老曹虽然感到惊讶，但并没有立即作出回应，他表达了对公司的感情，并表示需要时间考虑。但人力资源部隐晦地表示，如果老曹坚持留在公司，未来可能不会有太多发展机会。经过一段时间的思考和法律咨询，老曹在第二次谈判中提出了自己的要求——获得相当于18个月工资的补偿金，并要求公司支付加班费、未休年假的薪资。然而，公司方面表示这是不可能的，并重申15个月的工资已经是总体的补偿。

在谈判过程中，老曹遭遇了"你要求18个月的补偿金有什么法律依据吗""大家都是按这个标准赔偿的，你不要太特殊"等话语攻击。那么，老曹接下来应该坚持还是妥协呢？

案例评析：

若用人单位提出解除劳动合同，应按照法定程序进行，并应当支付经济补偿。补偿金额通常根据劳动者在本单位的工作年限确定，每满1年支付1个月工资。然而，在实际操作中，用人单位往往提出N个月的工资是经济补偿金的总和，不支付加班费和未休年假的薪资等额外费用。

在老曹的案例中,单就经济补偿金一项来说,公司按照老曹在本单位的工作年限(即俗称的N)支付15个月的工资作为补偿金符合法律规定。既然是协商解除,双方就需要在金额上达成一致。这往往需要双方互有让步。因此,有些用人单位为鼓励劳动者接受协商解除劳动合同,以高于法定标准的补偿金,如N+3甚至更高的标准来补偿劳动者。

本案中,老曹还存在加班费以及未休年假的薪资这两项诉求,公司整体仅补偿15个月工资,不同意再支付加班费和未休年假薪资,实际上损害了老曹的合法权益。

常见套路或误区:

劳动者常常认为用人单位最初提出的补偿方案即为最终方案,不敢提出更高的要求,无条件接受公司的补偿方案。

用人单位可能利用信息不对称误导劳动者,例如,声称法律规定的经济补偿金标准就是每满1年支付1个月工资,要求更多补偿金没有法律依据。用人单位可能会用"统一标准补偿"而忽视个别劳动者的特殊情况和额外贡献。

应对建议:

在谈判过程中,劳动者应当考虑三件事:自己是否同意离职、期望的补偿金额以及离职时间。用人单位与劳动者是协商解除劳动关系,既然是协商解除,劳动者当然有权不同意。如果补偿金额达不到预期,劳动者有权拒绝协商解除劳动合同,要求用人单位继续履行劳动合同,以争取在谈判中有更大的话语权。

2. 如何正确处理离职谈判中的法律风险?

> **案例**
>
> 在与公司协商解除合同过程中,老曹为了争取更高的离职补偿金,威胁以"公司未为其办理社会保险"为由举报公司,并索取20万元作为"封口费"。经过多轮协商,双方最终同意以10万元作为"和解金额"。2016年5月24日中午,老曹应邀前往总经理办公室。总经理要求老曹开具一份金额为10万元的收据,并声明收到款项后不再向有关部门举报公司的违法行为。老曹写完收据并收取10万元现金后,公司总经理立即报警。老曹在公司门外被警方抓获。

案例评析:

老曹在发现用人单位存在违法行为后,选择了错误的方式来处理。他有权举报用人单位的违法行为,但不能用敲诈勒索的方式,通过威胁用人单位来获取经济利益。

常见套路或误区:

许多劳动者在发现用人单位存在违规违法行为时,可能会考虑利用这一点来为自己争取更多的利益。例如,要求用人单位支付一定金额的"封口费"。这在法律上是被严格禁止的,即使用人单位确实存在违法行为,劳动者也不能以此进行敲诈勒索。

应对建议:

劳动者发现用人单位存在违规违法行为时,首先应该了解并确认自己的权利和用人单位的法定义务,要谨慎对待,必要时可寻求法律专业人士的意见和帮助。如果劳动者决定通过合法途径进行举报，应确保自己的举报完全是基于维护法律尊严和公民责任，而非为了获取不正当的个人利益。劳动者在与用人单位进行任何形式的协商或谈判时，应自觉在法律允许的范围内行事，不要触犯法律，避免承担不必要的法律风险。劳动者如果使用威胁、敲诈等违法手段，可能有刑事风险。

3. 用人单位提出协商解除劳动合同时，劳动者如何规避四大陷阱？

> **案例**
>
> 老曹在某公司工作多年，公司由于经营出现困难，想与老曹协商解除劳动合同。经过双方多次协商，公司同意支付一定数额的经济补偿。据此，双方签订了《劳动合同解除协议》。协议共两页，明确规定老曹完成离职交接工作后，公司将一次性支付经济补偿金3万元，并且双方声明不存在其他劳动争议。
>
> 老曹在签字后，公司收回协议以加盖公章，但之后并未将协议副本返还给老曹。随后，公司注销了老曹的门禁权限，使其不能继续在公司工作。于是，老曹启动劳动仲裁程序，要求公司支付协议中约定的3万元经济补偿金。但在仲裁过程中，公司提交了一份《劳动合同解除协议》，该协议表明公司只须支付1万元经济补偿金，并且协议已经加盖了公章（含骑缝章）。这时，老曹意识到，自己签署的原始协议已被部分替换。

案例评析：

在签署任何协议时，劳动者都应该保留一份双方签署且盖有公章的协议原件。此案中，因为老曹没有《劳动合同解除协议》的原件，导致他在仲裁过程中无法有效证明自己的主张。此外，老曹在签署协议时忽视细节，没有注意到协议有两页，第一页由于未签字，存在被替换的风险，这也使公司有机可乘，最终自己的权益受损。

常见套路或误区：

解除原因的描述：许多协议会注明是"经劳动者提出"解除双方劳动合同，这可能会使劳动者在提出经济补偿时处于不利位置，因为根据法律规定，若是劳动者主动提出解除合同，可能不会获得经济补偿。

支付期限的设置：理想状况是立即付款，但用人单位有时会选择分期付款，或者对付款日期含糊其词，某些协议甚至以离职交接完成为付款条件，这都会增加劳动者一方的不确定风险。

补偿金额的确定：有些用人单位仅同意支付经济补偿，对劳动者在职期间用人单位应支付而未支付的加班费、提成奖金等闭口不谈，也不提未休年休假是否支付工资，从而导致劳动者应得利益减少。

签署顺序：对劳动者而言，最佳做法是先让用人单位盖章确认，然后再签字，以确保双方均认可并执行协议。

应对建议：

在对解除劳动合同原因的描述上，劳动者不要认可"经劳动者提出解除劳动合同"之类的表述，以确保自己获得合理的经济补偿。

在支付期限上，应明确支付日期，避免用人单位以各种理由拖延。

在确定补偿金额时，应清楚列出所有应得金额，保障个人权益不受侵害。

在协议签署顺序上，应坚持"用人单位先盖章，劳动者后签字"的原则。如果用人单位不同意，可采取其他措施，比如用录音、录像方式记录协商过程，对自己已签字的文件拍照保存，并通过微信

职场人必读：劳动纠纷解决实务

等即时通信工具发送给人力资源部确认，以防用人单位单方面更改合同内容。

4. 协商解除劳动合同后，劳动者可以反悔吗？

案例

2021年6月，老曹作为软件工程师加入A公司，双方签署了为期3年的劳动合同，并约定老曹的月薪为15 000元。初期，老曹凭借出色的技术能力，在工作中表现突出，赢得了公司及同事的一致好评。2023年，受全球经济形势的影响，A公司的业务遇到了挑战，面临人力成本优化的压力。

A公司在2023年5月提出与老曹协商解除劳动合同，并承诺将依法支付补偿金。人力资源部计算出的补偿金为2.5万元。老曹出于对公司的信任，没有对补偿金的计算过程进行核查，便在协议上签字。

随后，老曹在与同事的交流中意识到补偿金的计算可能存在错误。根据法律规定，补偿金应按照在职满1年支付1个月工资的标准来计算。老曹自行计算后认为，即使不计算加班费，他应获得的补偿金至少应为3万元，公司给的补偿金少了5 000元。

了解到这一差异后，老曹立即联系公司人力资源部，希望撤销先前的协议，按自己实际应得的补偿金进行支付。但人力资源部坚持认为，既然老曹已签字同意解除合同，且协商解除劳动合同是基于双方自愿，因此不存在撤销的可能。

老曹不服，遂申请仲裁，但仲裁机构未支持他的请求。

案例评析：

本案中，协商解除劳动合同是双方解除劳动关系的一种方式。

170

老曹在协商时未充分了解自身权益，不知道经济补偿的正确计算方法。依照《劳动合同法》的规定，经济补偿应根据劳动者在单位的工作年限，每满1年支付1个月税前应发工资，补偿金的计算并不是以实发工资为基数。但需要注意，签字后的协议即具有法律效力，要求撤销并不易，必须有足够证据证明协议是在受欺诈、胁迫或重大误解情况下签署的，或者协议内容违反了法律强制性规定。

常见套路或误区：

在协商解除劳动合同过程中，劳动者常因未准确计算应得的补偿金而利益受损。有时用人单位可能会认为劳动者不懂法，以实发工资为基数计算经济补偿金，或忽略应计入的其他工资收入，如年终奖等。

应对建议：

劳动者应自行计算应得的补偿金，包括月基本工资、年终奖、加班费、未休年假应付的工资等，并与用人单位给出的补偿金进行对比。

若发现补偿金不符合国家有关标准，应及时与用人单位沟通，提出异议，在不签署任何文件的情况下保留所有权利。

用人单位在解除合同前，要详细了解劳动者的情况，尽可能详尽列举补偿事项，以免后续产生法律纠纷。

用人单位应考虑劳动者的特殊情况（如处于"三期"、医疗期，有工伤），在法定补偿基础上额外给予适当补偿，体现用人单位的人文关怀。

劳动者在同意解除劳动关系前要深思熟虑，通过各种途径了解相关法律知识及后果，保护自己的权益；在签署协议后则应遵守诚信原则，不要出尔反尔，除非存在合法撤销协议的理由。

第十一章　非正常离职：逼迫与套路

并不是所有用人单位都愿意给劳动者补偿，有些用人单位会使用不正当手段逼迫劳动者自己离职。

1. 被用人单位逼迫离职：常见套路与应对策略。

> **小案例**
>
> 老曹是某科技公司的资深技术专家，已在公司工作5年，曾因业绩出色获得一致认可。然而，由于公司战略调整，他感到管理层开始有意识地将他边缘化。某日，公司未与老曹协商，就把他调离技术岗位，转至市场部门，这让他猝不及防。在新岗位上，老曹的表现难以与在技术部门时相比，公司据此找到了压制他的由头。
>
> 不久，老曹的工作环境变得越发压抑。昔日的赞美转变为频繁的质疑和否定，老曹的每项工作都被吹毛求疵。公司甚至故意安排与他关系不好的同事共同参与项目，意图通过团体孤立加大他的心理负担。更糟的是，他被分配去完成几乎不可能完成的任务，在任务未完成的情况下受到包括口头警告在内的多种处罚。
>
> 随着时间的推移，老曹深刻感受到了职场中的系统性打压，意识到公司正在通过打压迫使他离职。面对种种不公，他决定勇敢面对，开始搜集工作邮件、会议记录和同事证言等证据。同时，他自学法律知识，并向专业律师咨询，为可能的法律行动做准备。
>
> 最终，在一次遭到不合理的"工作不力"指责时，他用收集到的充足证据逐一反驳上司的指责。当公司认识到老曹已准备拿起法律武器维护自身权益时，开始转变态度，最终与老曹达成和解。老曹在为自己争取到合理补偿后离开了公司，他的遭遇在业界引起了不小的震动。

案例评析：

本案中，公司为了不支付高额赔偿金或出于其他考虑，采用各种精心设计的手段迫使老曹离职。这种做法虽未直接违反法律，却严重背离了劳动法的宗旨与精神。该案例揭示了职场中的不正当行为，以及劳动者在被迫离职时应采用的对策。

劳动者如果被用人单位逼迫离职，首先，应保持冷静，不被用人单位的策略所影响；其次，要敢于利用法律维护自身合法权益。老曹通过搜集证据和咨询律师意见，在与用人单位的谈判中占据了有利地位，其坚持和努力最终帮其获得了合理的经济补偿。

常见套路或误区：

用人单位逼迫劳动者离职的手段多种多样，包括但不限于恶意调岗、制造工作错误、人格贬低、团体孤立、给劳动者分配不可能完成的任务等，目的是解除与劳动者的劳动合同而不支付经济补偿。劳动者的常见误区包括忽视这些行为、忍耐或选择无效的对抗手段，这会使自己处于更加不利的境地。

应对建议：

如果用人单位逼迫劳动者离职，以下策略可为劳动者提供实质性帮助。

（1）及时沟通：在遇到不合理的岗位调动或任务分配时，应立即与上级或人力资源部门沟通，表明自己的立场。

（2）收集证据：有目的地收集可能有助于证明自己情况的证据，如电子邮件、工作报告、会议记录等，为应对后续纠纷留下依据。

（3）法律咨询：尽快向律师咨询，了解自己的权利与公司的义务，知道如何采取法律行动。

（4）尽量协商：在与用人单位协商时，应尽量争取更有利的条件，比如较高的补偿金、对自己有利的离职证明等，最大限度维护自身利益。

（5）公众舆论：如果用人单位的行为严重违法或违反社会道德，

可以考虑通过合法途径予以揭露，从而给公司施压。

2. 用人单位强迫劳动者交接工作，变相逼迫离职，劳动者怎么办？

> **案例**
>
> 2018年9月，老曹加盟某科技有限公司，负责公司最新的技术项目。在他的不懈努力下，该项目在市场上大获成功，为公司创造了丰厚的利润。由于技术过硬，老曹逐渐成为团队核心成员。
>
> 2022年7月，公司突然发布了一则内部通知，要求老曹立即将其工作移交给一位新入职的员工，但并未给出任何解释。老曹对公司的决定感到不解，立刻向人力资源部求证，希望公司能明确说明作出这一决定的原因。然而，人力资源部表示，他们只是按照公司高层的指示行事。
>
> 经过调查，老曹发现此举可能与新员工背后的人际关系网络有关。有位董事会成员很认可新入职员工的能力，希望新员工能迅速晋升，而老曹成为潜在的障碍。公司要求老曹交接工作，只给他一个名义上的岗位，想以此迫使老曹主动离职。

案例评析：

本案中，公司的做法是变相强迫老曹离职。劳动者被要求进行工作交接通常基于以下几种情况：劳动合同解除或终止、岗位调整或其他合理的情形。如果没有合理的理由或事先通知，突然要求劳动者交接工作是不可接受的。

常见套路或误区：

许多劳动者在突然被要求进行工作交接时，往往会基于对用人单位的信任而服从安排。

应对建议：

劳动者应首先问清楚交接工作的具体原因及详细情况，了解事件背景。如果用人单位不能给出合理的解释，也不能明确下一步的工作安排，劳动者可以提出，在收到明确的岗位调整通知或其他合法理由之前，有权利继续履行当前的岗位职责。在沟通过程中，劳动者应保持冷静，避免情绪化行为。

3. 遭遇口头辞退，劳动者应该怎么做？

> **案例**　老曹在一家IT公司担任软件工程师，因工作多次与直属上级领导发生意见分歧。2022年7月的一个下午，上级领导在会议室内口头通知老曹公司不再需要他的服务，并要求他立即清理办公桌。面对突如其来的变故，老曹一怒之下回到工位，收拾了个人物品，随即申请劳动仲裁。在等待仲裁结果期间，老曹收到公司发出的解除劳动合同通知，理由是"您无故旷工5天，公司依照规章制度予以辞退"。这时，老曹才意识到自己受骗了。

案例评析：

在司法实践中，口头辞退的情形并不鲜见，此种做法在法律层面存在较大争议。一般情况下，解除劳动合同应当采取书面形式，且用人单位须提供合法解除合同的证明。本案中，老曹在被口头辞退后，正确的做法是继续上班并收集证据，这在法律上是对自己权利的一种维护。倘若用人单位仅以口头方式辞退劳动者，在无相关证据的情况下，劳动者在仲裁或诉讼中证明自己被辞退将会很困难。

常见套路或误区：

许多劳动者面对口头辞退，常因冲动而选择立即离职，这是很不明智的。由于缺乏被辞退的书面证据，若用人单位否认辞退行为，员工往往会处于不利地位。另外，劳动者若未收到书面通知而不到岗工作，有可能被用人单位以无故旷工为由予以正式辞退。

应对建议：

面对口头辞退，劳动者应采取以下策略维护自身权利。

（1）继续上班：除非收到正式的书面辞退通知，否则应每天正常工作，留存出勤记录等相关证明。

（2）收集口头辞退的证据：尽可能以录音形式记录与上司及人力资源部门的沟通内容。劳动者可以问三个问题：让我工作到什么时候？工资发到什么时候？工作交接给谁？如果用人单位对上述问题均予以明确答复，劳动者可以将其作为口头辞退的初步证据，为后续的谈判争取有利条件。

4. 用人单位"翻旧账"，劳动者该如何应对？

案例

老曹在某企业工作多年，其勤勉和敬业精神得到同事的普遍认可。2019年3月，老曹在与客户沟通时，使用了不文明用语，客户投诉到公司。事后老曹积极赔礼道歉，得到了客户的谅解，这件事未对公司造成任何负面影响。2020年下半年，由于全球市

> 场的波动，公司决定裁员以降低成本。公司找到老曹，指出他曾被客户投诉，暗示老曹最好主动辞职，否则会以违纪为由将其解雇。公司的做法引发了老曹的不安和不满。

案例评析：

这种"翻旧账"的做法在实践中是不被鼓励的，在司法裁决中往往不会得到支持。用人单位在知悉劳动者的违纪行为后，应当在合理期限内予以处理。这一"合理期限"通常受到司法解释和地方规定的限制。例如，根据某些地区的规定，超过6个月未对劳动者的违纪行为作出处理，用人单位将无权再对劳动者的违纪行为进行处罚。

本案中，公司在1年多后要对老曹的违纪行为进行处罚，显然超出了合理期限。

常见套路或误区：

一些用人单位常以"人性化管理"为名，不立即处理劳动者工作中的小错，在需要裁员时或受其他利益驱动，会将这些"旧账"作为逼迫劳动者离职的手段。劳动者常因不熟悉劳动法律法规而屈服，导致自身权益受损。

应对建议：

如果忽然被用人单位约谈半年以前的违纪行为，劳动者需要警惕，可能会有被辞退或者劝退的风险。对于劳动者以前的违纪行为，用人单位在多长时间内进行处罚是合法的，尚无统一规定。通常认为，如果用人单位在知晓或应当知晓劳动者的违纪行为1年后才对劳动者进行处罚，那么在司法实践中，这种处罚很可能不会被支持。

劳动者如果被"翻旧账"，不要为此承受不必要的压力，不要惧怕，应当放下包袱，积极维护自己的权益。

5. 免职不等于解除劳动合同！

> **案例**
>
> 老曹于 2020 年入职某公司，担任副经理。2021 年，老曹因工作失误给公司造成了一定损失，公司决定免去老曹的副经理职务，但没有解除劳动合同，也没有为老曹安排新的岗位。不甘心的老曹决定与公司协商，希望恢复原岗位或获得同级别的职位。公司始终未给出明确答复，只是表示没有合适的岗位，建议老曹继续等待。老曹不想继续等待，于是提起仲裁，要求公司支付违法解除劳动合同的赔偿金，但是其请求未被仲裁委员会支持。

案例评析：

老曹虽被公司免职，但免职不等于解除劳动合同。从裁决来看，尽管劳动合同中明确约定了岗位，但公司的免职决定实际上等同于单方面调岗或待岗，公司并未作出解除劳动关系的意思表示。

常见套路或误区：

在职场中，不少劳动者认为一旦被免职，就意味着与用人单位的劳动合同自动解除。

应对建议：

面对被免职但劳动合同未解除的情况，劳动者首先要冷静评估自己的实际情况和维权的可能性。如果免职决定确实给自己带来了实际损失，比如工资收入减少，那么可以考虑提起仲裁，请求用人单位支付工资差额。在此过程中，保留好与用人单位的沟通记录、工资单等证据材料是非常重要的。劳动者如果长时间未被安排新岗位，可以尝试与用人单位进行进一步沟通，寻求双方都能接受的解决方案。如果用人单位冷处理，拒不安排岗位，劳动者可以收集证据，证明被迫解除劳动合同，主张经济补偿金。

6. 劳动者在解除劳动合同通知书上签字，可能会有哪些"坑"？

案例

老曹在一家外包公司已经工作3年。最近，公司人力资源部的人找到老曹，给他一份《解除劳动关系通知书》，要求老曹签名确认收到此通知书，并表示"你签字才能给你"。老曹原本打算签字，但他随后发现，通知书中有这样一句话，"因你严重违反公司规章制度，公司决定解除与你的劳动合同"，在落款签名处还有这样一句话："本人认真阅读并理解该通知书内容，认可公司的解除理由"，老曹于是拒绝签字。

案例评析：

解除劳动关系通知书用于通知劳动者与用人单位之间的劳动关系即将结束。既然是通知，就意味着它是单方面行为，劳动者签不签字都会生效。为何用人单位还要求劳动者签字呢？这是因为有的用人单位会利用这个机会，将"通知书"变成一份劳动者认可的"认错书"，这样可以不支付某些应由用人单位承担的补偿。

常见套路或误区：

许多劳动者在收到解除劳动关系通知书时，可能会认为在通知书上签字只是履行一个简单的手续,因此没有仔细阅读内容就草率签字。这样做,他们可能不经意间放弃了自己的权益。

用人单位可能利用信息差,将解除劳动合同通知书设计成认错书或者离职申请书。

应对建议:

当收到解除劳动关系通知书时,劳动者务必仔细阅读其内容,确保其中没有对自己不利的条款。

劳动者如果被用人单位要求在通知书上签字,只须在回执上签字,在回执上可以注明:"已收到公司的解除通知,但不认可通知上的内容。"

劳动者对于解除劳动关系通知书上的不实内容,则划掉即可。

7. 用人单位可以依据劳动合同的约定解除条款辞退劳动者吗?

小案例

司机老曹与A公司签订自2017年6月1日至2020年5月31日为期3年的劳动合同。双方约定老曹月工资为3 000元、每月有500元补助;还约定,如发生由老曹负全责或者负主要责任的交通事故,A公司有权立即终止劳动合同。2018年10月19日,A公司因老曹发生交通事故且负事故全部责任而通知老曹解除劳动关系。

案例评析:

《劳动合同法》规定了三类解除劳动合同的情形,即用人单位单方解除、劳动者单方解除、双方协商解除,还规定了法定解除程序和条件。《劳动合同法》第39条、《劳动合同法实施条例》第19条以列举的方式对用人单位单方解除劳动合同的情形作出了明确规定，其中不包括用人单位与劳动者预先在劳动合同中约定条件行使解除劳动合同权的情形，故用人单位与劳动者在劳动合同中创设法律规定之外的用人单位可单方面解除劳动合同的条件，属于无效约定。

本案中，A公司与老曹在劳动合同中约定：如发生由老曹负全责或者负主要责任的交通事故，A公司有权立即解除劳动合同。A公司抗辩的理由是《劳动法》第23条的规定，即劳动合同期满或者当事人约定的劳动合同终止条件出现，劳动合同即行终止。但《劳动合同法实施条例》第13条规定，用人单位与劳动者不得在《劳动合同法》第44条规定的劳动合同终止情形之外约定其他的劳动合同终止条件。A公司超出法律规定情形约定劳动合同终止条件，该约定因违反法律规定而无效。综上，A公司解除与老曹之间的劳动合同既不符合用人单位单方解除的法定条件，亦无合法的合同依据，系违法解除。

常见套路或误区：

有些用人单位希望在辞退劳动者时有更多的自主权，且认为双方约定的条款有更高的效力，于是在劳动合同中预设一些劳动合同解除条款，但这些条款往往无效。

应对建议：

用人单位与劳动者不得约定《劳动合同法》和《劳动合同法实施条例》规定情形之外解除劳动合同的条件。理由如下：第一，《劳动合同法实施条例》第13条规定，用人单位与劳动者不得在《劳动合同法》第44条规定的劳动合同终止情形之外约定其他的劳动合同终止条件。第二，如果允许用人单位与劳动者通过约定方式扩大解除劳动合同条件的范围，可能导致用人单位利用其优势地位，侵害劳动者的合法权益，另外，这会导致《劳动合同法》第4条关于制定规章制度民主程序的规定、《劳动合同法》第39条第2项关于用人单位因劳动者严重违反规章制度而解除劳动合同的规定难以落实。

因此，当劳动合同中有法律规定之外的解除劳动合同的条款，且用人单位以此为由解除与劳动者的劳动关系的，劳动者可主张用人单位违法解除劳动关系，请求其支付违法解除劳动合同的赔偿金。

第十二章　继续履行劳动合同

《劳动合同法》第48条规定了用人单位违法解除或者终止劳动合同的法律后果：用人单位违反本法规定解除或者终止劳动合同，劳动者要求继续履行劳动合同的，用人单位应当继续履行；劳动者不要求继续履行劳动合同或者劳动合同已经不能继续履行的，用人单位应当依照本法第87条规定支付赔偿金。这里需要注意，是要求继续履行还是要求赔偿金，选择权在劳动者一方。用人单位仅能就合同已经不能继续履行进行举证抗辩，劳动合同能否继续履行，由仲裁委员会或法院来综合判断。

1. 要赔偿金，还是要求继续履行劳动合同？

> **案例**
>
> 老曹于 2019 年 5 月 27 日入职 A 公司，双方签订了至 2022 年 5 月 31 日止的劳动合同。入职后，A 公司对老曹进行了考核，认为老曹绩效考核得分较低，不能胜任工作。于是，老曹签订了由公司制订的"绩效改进计划"。
>
> 2020 年 9 月，A 公司通知老曹参加绩效改进计划的培训，并出具了"绩效改进计划反馈"（该反馈没有老曹的签字确认）。反馈显示，绩效改进计划的最低要求为 71 分，老曹实际得分为 41.5 分。
>
> 2020 年 11 月 4 日，人力资源部员工陈某告知老曹："根据 2019 年及 2020 年的绩效考核结果，您连续两次未通过考核，不能胜任工作。鉴于此，公司决定解除与您的劳动关系，解除协议已发出，最后工作日为 11 月 6 日，请于当日下班前完成交接及资产归还。"
>
> 老曹认为，A 公司未充分了解其工作成果，没有公布具体考核标准，直接认定其绩效改进不合格，因此提出 A 公司系违法解除劳动合同，并要求继续履行合同。A 公司则主张，由于老曹的岗位已被替代，他无法回原岗位工作，且老曹无法与其他员工协同工作，双方劳动关系在客观上已不具备继续履行的可能。

案例评析：

仲裁委员会认为，根据《劳动合同法》第 40 条的规定，用人单位在劳动者不能胜任工作时，应提前 30 日通知或额外支付 1 个月工资后方可解除劳动合同。本案中，A 公司并未提供充分证据证明老曹经过培训或调岗后仍不能胜任工作。"绩效改进计划反馈"没有老曹的签字确认，且 A 公司未提供相关考评得分的客观依据，故仲裁委员会不予采信 A 公司的主张。仲裁委员会认定 A 公司解除与老曹的劳动合同缺乏合理依据，属于违法解除劳动合同，因此支持老曹与 A 公司继续履行劳动合同的请求。

常见套路或误区：

许多劳动者在被用人单位违法解除劳动合同后，不知道可以要求继续履行劳动合同，仅知道要求赔偿。对于工作年限较短的劳动者来说，赔偿金额难以弥补因违法解除合同带来的经济损失。

也有劳动者认为，只要用人单位违法解除劳动合同，劳动者要求继续履行的，就一定会被支持。这也是误解。实践中，继续履行劳动合同需要一定的条件。在劳动者要求继续履行劳动合同时，用人单位通常会辩称已不具备继续履行劳动合同的条件，如原岗位已被他人替代、双方没有信任基础，从而拒绝劳动者继续履行劳动合同的要求。

应对建议：

劳动者被用人单位违法辞退时，可以要求支付违法解除劳动合同赔偿金，也可以要求继续履行劳动合同，二者是二选一的关系，不能同时主张。劳动者如果要求用人单位继续履行劳动合同，实践中会有一定的难度。

劳动者在确定请求时，要看自己的情况是否适合继续履行劳动合同，以免被仲裁委员会或者法院驳回，导致更大的损失。劳动合同不能继续履行的情形主要有哪些？依北京市高级人民法院、北京市劳动人事争议仲裁委员会《关于审理劳动争议案件法律适用问题的解答》第9条，劳动合同确实无法继续履行主要有以下情形：（1）用人单位被依法宣告破产、吊销营业执照、责令关闭、撤销，或者用人单位决定提前解散的；（2）劳动者在仲裁或者诉讼过程中达到法定退休年龄的；（3）劳动合同在仲裁或者诉讼过程中到期终止且不存在《劳动合同法》第 14 条规定应当订立无固定期限劳动合同情形的;(4)劳动者原岗位对用人单位的正常业务开展具有较强的不可替代性和唯一性(如总经理、财务负责人等),且劳动者原岗位已被他人替代,双方不能就新岗位达成一致意见的;(5)劳动者已入职新单位的;(6)仲裁或诉讼过程中,用人单位向劳动者送达复工通知,要求劳动者继续工作,但劳动者拒绝的;(7)其他明显不具备继续履行劳动合同条件的。实践中,在裁判文书中还存在其他理由,比如劳动合同在试用期内解除,试用期本来就是双方约定的互相考察的期限,在此期间劳动关系具有不稳定性,因此在试用期内解除劳动合同的,不宜判令继续履行。劳动者入职时存在欺诈等不诚信行为,导致双方已经丧失信任基础,也容易被认为不宜继续履行劳动合同。

2. 继续履行劳动合同,劳动者能否主张工资损失?

案例

老曹于 2019 年 2 月 25 日入职 A 公司,担任高级财务经理兼大中华区首席财务官助理,双方签订了期限自 2019 年 2 月 25 日至 2022 年 2 月 24 日的劳动合同,月工资为 34 800 元,2020 年 11 月起月工资调整为 30 000 元。老曹最后工作至 2020 年 11 月 16 日,当日 A 公司以老曹严重违反规章制度为由通知他解除劳动关系。2021 年 8 月 1 日老曹申请仲裁,要求公司继续履行劳动合同,并支付 2020 年 11 月 17 日至 2021 年 7 月 31 日期间工资损失。仲裁裁决支持了老曹的请求。A 公司不服裁决,向法院提起诉讼。

一审中,A 公司提交了《员工手册》及警告函,称老曹在劳动合同履行期间存在不服从工作安排、扰乱公司管理秩序、对抗工作指示等行为,严重违反了《员工手册》的相关规定,属于可以被立即解除劳动合同的情形。

法院认为针对老曹不服从工作安排的警告函、关于老曹不能胜任工作的电子邮件截图均系A公司单方出具，未显示老曹曾予以确认，因此不予采信，A公司解除劳动合同违法。A公司应当撤销解除劳动合同的决定，继续履行劳动合同并支付老曹2020年11月17日至2021年7月31日的工资损失。

一审判决作出后，公司上诉称：2019年2月25日第一次签署3年固定期限的劳动合同，劳动合同于2022年2月24日到期。一审判决于2022年2月28日作出，故在一审审理期间双方劳动合同已经到期，双方并不存在应当订立无固定期限劳动合同的情形，因此双方的劳动合同确实已无法继续履行。

二审法院认为A公司系违法解除劳动合同，在老曹明确表示愿意继续履行劳动合同的情形下，A公司应撤销《解除劳动合同通知书》，继续履行与老曹签订的劳动合同并赔偿相关工资损失。双方劳动合同到期后，因到期引发的争议，另案解决，不影响本案判决。

案例评析：

认定解除劳动合同违法，劳动者主张继续履行劳动合同，仲裁委员会或法院判定继续履行劳动合同的，用人单位应当向劳动者支付此期间的工资。但也有部分裁决认为由于劳动者没有实际提供劳动，仅支持发放基本生活费。如认定用人单位违法解除劳动合同，但认为不能继续履行的，则劳动者仅能另行主张赔偿金，不支持其间的工资损失。但对于劳动合同因到期不能继续履行的，是否支持劳动者工资损失有一定争议。支持者认为，仲裁或者诉讼中，劳动合同到期终止，且不存在订立无固定期限劳动合同的情形，劳动合同因此而无法继续履行，在该情况下，劳动者主张其间的工资损失的，应予支持。这是基于下列考量：如不支持这种情况下的工资损失，会导致用人单位为避免支付大额的工资而尽可能拖延诉讼程序，只要将案件拖延到合同到期，就不用支付了，这会损害劳动者权益。

🏛 常见套路或误区：

面对劳动者提出继续履行劳动合同的请求，用人单位往往出于不希望劳动者再回到单位的考虑，尽量拖延程序。用人单位往往忽视一点：一旦被认定为违法解除劳动合同，且不存在劳动合同继续履行的障碍，用人单位可能需要支付仲裁（诉讼）过程中劳动者的工资；即使劳动合同在诉讼期间到期而不能继续履行，用人单位也可能会被裁定（判决）支付劳动者工资。因此，用人单位应评估案情，如认为解除行为不合法，且无阻却劳动合同继续履行的事由，建议接受裁决或判决，及时通知劳动者返岗。

对于劳动者而言，继续履行劳动合同的诉求相对来说风险更高。其在整个仲裁（诉讼）期间可能处于无收入的状态，如已在其他单位上班，会被认为已经同其他用人单位签订劳动合同，进而认定与原单位的劳动合同无法继续履行。如果仲裁机构（法院）认定劳动合同解除合法或者认为劳动合同无法继续履行，劳动者有可能拿不到仲裁（诉讼）期间的工资。

🧭 应对建议：

继续履行劳动合同不可强求，由于双方在劳动合同解除时可能已经产生嫌隙，后因仲裁（诉讼）双方矛盾更加尖锐，劳动者即使回到用人单位继续履行劳动合同，劳动关系可能也无法长久持续。劳动者请求继续履行的，在仲裁（诉讼）期间可能处于没有收入、没有社保的境地。如果用人单位拖延仲裁（诉讼）程序，纠纷解决过程会很长，有些案件可能持续一两年的时间，劳动者很难坚持下去。在仲裁（诉讼）过程中，情况可能随时发生变化，如果仲裁委员会（法院）认定无法继续履行劳动合同，则单赔偿金一项必然难以弥补劳动者遭受的损失。因此，劳动者主张继续履行劳动合同要慎重，如果在仲裁（诉讼）过程中改变主意，可以变更请求，要求用人单位给付赔偿金。

3. 用人单位以试用期内不合格为由违法辞退，劳动者能否要求继续履行劳动合同？

案例

2019年7月25日，老曹入职A公司，担任财务创新业务部售前顾问。双方签订了自2019年7月25日至2022年7月31日的劳动合同，试用期为6个月。合同约定，试用期基本工资为25 200元/月，转正后基本工资调整为28 000元/月，不包括日常补贴和不固定的绩效奖金。

2019年9月3日，A公司以电子邮件形式通知老曹，称其在试用期的表现不符合录用条件，遂决定辞退。老曹认为，A公司无正当理由解除劳动合同，属于违法辞退，遂提起仲裁要求继续履行劳动合同。A公司则认为，老曹工作态度欠佳，缺乏沟通和团队协作能力，且工作未获客户认可，故以其在试用期内不符合录用条件为由辞退符合法律规定。A公司还称，由于疫情影响及经营困难，已经调整组织架构和人员，老曹的岗位已不复存在。

为证明其主张，A公司提交了包括顾问离场确认单和工作表现报告在内的证据。最终，仲裁委员会判定A公司违法解除劳动合同，但考虑到双方失去信任基础，无须继续履行合同。

案例评析：

关于是否继续履行劳动合同，须综合考量双方的实际情况和法律规定。本案中，老曹仅工作约1个多月便被解雇，双方信任基础薄弱。老曹声称A公司出于竞争目的招聘其入职，但仲裁委员会认为，经过短暂试用后，双方产生重大矛盾，再加上老曹的岗位被撤销，已无法建立和谐稳定的劳动关系。因此，A公司与老曹之间的劳动合同不宜继续履行。需要提醒的是，实践中，对于用人单位在试用期内违法解除劳动合同，支持继续履行的判例和认为不宜继续履行的判例都存在，但相比正式员工，试用期内劳动合同更容易被认定为不宜继续履行。

常见套路或误区：

许多劳动者认为只要认定用人单位是违法解除劳动合同，自己要求继续履行的，仲裁委员会或法院就一定会裁判继续履行。这是一种误解。实践中还存在一些不确定因素，可能会阻碍劳动合同的继续履行。有的劳动者因为工作年限比较短、用人单位支付的赔偿金较低，认为不如继续履行合同，之后再主张工资损失。由于要求继续履行合同期间原则上劳动者不能与其他单位建立劳动关系，通过仲裁和诉讼维权的时间又很长，案件审理期间的收入损失也是需要考虑的因素，如最终被认定无法继续履行，劳动者的损失无疑会扩大，得不偿失。

应对建议：

在判断是否支持劳动者继续履行劳动合同的诉求时，仲裁委员会或法院通常会考量双方缔结劳动关系的信任基础是否仍存在、原岗位是否仍存在、双方是否有可能建立稳定的劳动关系等因素。劳动者如果请求继续履行劳动合同，应注意避免可能导致无法继续履行合同的风险。

劳动者完成工作交接手续可能会被认定为其无意继续履行劳动合同。另外，以下因素可能导致无法继续履行劳动合同：劳动者的原工作岗位已不存在而无法实际履行；劳动者已找到其他工作；劳动者提出恢复履行与合同解除之间的间隔时间过长。

第十三章　保密义务与竞业限制

　　保密义务是劳动合同的附随义务,劳动者无论在职期间还是离职后都应遵守保密义务,不得泄露用人单位的商业秘密。用人单位可以在劳动合同或者保密协议中与负有保密义务的劳动者约定竞业限制条款,但因其不可避免地对劳动者的择业权具有一定的限制,因此要给予劳动者一定的经济补偿。根据法律规定,竞业限制期限不得超过2年。劳动者离职后,随着时间的推移,其所掌握的商业秘密可能逐渐丧失商业价值或秘密性。在竞业限制期间,法律赋予用人单位随时通知劳动者解除竞业限制义务的权利。用人单位在竞业限制协议中可以约定劳动者违反竞业限制义务的违约金,实践中不乏劳动者被判赔偿百万元违约金的案例!

1. 劳动者违反保密义务须赔偿！

> 老曹于2021年6月1日入职A公司担任咨询顾问，入职当日双方签订了期限自2021年6月1日始至2024年5月31日止的劳动合同。2021年6月19日老曹离职。老曹离职后，A公司发现老曹在职期间将20条客户信息提供给了B公司，B公司又将老曹提供的客户信息给了有关联关系的C公司，C公司最终与这些客户签约。A公司因此错失了与这些客户订立合同的机会，造成经济损失20万元。A公司向当地仲裁委员会提起仲裁，称老曹在职期间有盗窃、售卖公司客户信息给B公司的行为，违反了保密协议和竞业限制协议，给A公司造成了损失，要求依法裁决老曹赔偿A公司经济损失20万元。仲裁委员会出具裁决书，驳回A公司的仲裁请求。A公司不服仲裁裁决，向法院提起诉讼。
>
> 老曹在开庭时自认其确实在工作期间将20条客户信息提供给案外的B公司。但老曹主张，案外B公司与A公司之间不存在任何业务竞争关系且自己并未从中获利，没有违反竞业限制协议的要求，其行为并未给A公司造成损失，不应赔偿A公司20万元。

案例评析：

劳动者及用人单位的合法权益受法律保护。当事人对自己的主张有责任提供证据予以证明，所提供的证据不足以证明其主张的，由负有举证责任的当事人承担不利的法律后果。劳动者违反保密义务或者竞业限制协议，给用人单位造成损失的，应当承担相应的赔偿责任；对所造成的经济损失，用人单位负有举证责任。根据查明的事实，老曹在职期间确实存在向案外的B公司提供客户信息的情形，此种行为显然不妥，违反了其与A公司签订的保密协议。同时，

A公司主张因此遭受经济损失，并且在一审中向法院提供确凿的证据证明老曹的行为导致A公司错失了与客户订立合同的机会，造成A公司经济损失20万元，老曹应予以赔偿。

常见套路或误区：

劳动者在日常工作中，应当注意保护用人单位的商业信息或商业秘密。有的劳动者认为，自己将用人单位的商业信息透露给不同领域的单位或人员不会违反用人单位要求的保密义务，因为其他领域的单位与其任职的用人单位之间不存在业务竞争关系，其也未从中获取任何利益。劳动者此时明显陷入了一个误区。竞业限制义务与保密义务有区别，违反保密义务并不以获取信息单位与其原用人单位之间存在竞争关系为前提。

应对建议：

竞业限制义务是指劳动者在任职期间或离开岗位后一定时间内，不得到与本单位生产或者经营同类产品、从事同类业务的有竞争关系的其他用人单位就职，或者自己不得开业生产或者经营同类产品、从事同类业务。除双方另有约定外，负有保密义务的劳动者并不必然负有竞业限制义务。

竞业限制义务与保密义务的区别主要在于以下几个方面。

第一，义务的性质不同：保密义务是一种法定义务，劳动合同法明确规定了劳动合同当事人可以在劳动合同中约定保守用人单位商业秘密的有关事项。劳动者违反保密义务的，应负赔偿责任。竞业限制义务是一种约定义务，只有双方当事人签订了竞业限制协议，劳动者才需要遵守此义务。

第二，遵守义务的期限不同：保密义务没有明确的期限规定，一般而言，劳动者在职时或离职后都需要保守与任职单位相关的商业秘密,不可随意向他人透露;竞业限制义务有明确的期限规定,法律规定不得超过2年。

第三,用人单位是否需要支付费用不同:保密义务被视为一种"默示义务",无论是否明确约定,都需要遵守,双方当事人可约定支付保密费用,也可约定不支付。竞业限制补偿金是对劳动者不能在相同行业从事工作的一种经济补偿,用人单位在劳动者离职后给付。

第四,适用的主体不同:保密义务适用于能够接触到用人单位商业秘密的一切人员,范围比较宽泛。竞业限制义务适用于高级管理人员、高级技术人员和其他负有保密义务的人员,范围比较明确具体。

劳动者在日常工作中,应当对自己接触到的工作信息加以识别,明确哪些信息与用人单位业务、商业秘密密切相关,注意不要泄露与用人单位相关的商业信息。

用人单位在劳动者入职时,要做好保密培训。用人单位可以与劳动者签订保密协议,说明哪些信息是本单位的商业信息,不可向外人泄露,并让劳动者了解泄露用人单位商业信息的后果。

2. 竞业限制协议未约定竞业限制补偿金,协议仍有效!

> **案例** 老曹于2021年12月1日入职A公司。同日,A公司与老曹签订劳动合同、保密及竞业限制协议,A公司是甲方,老曹是乙方。《保密及竞业限制协议》第4条约定,在劳动合同终止或解除后12个月内,乙方不得到与甲方生产或者经营同类产品、从事同类业务的有竞争关系的其他用人单位任职,或者自己开业生产或

者经营同类产品、从事同类业务；在离开公司5年内，保证不把在任职期间公司所研究开发的成果应用于同类项目、产品中，并保证在2年内不从事与公司研究方向相同的研究等。该协议第6条约定，劳动合同终止或者解除后，乙方须向甲方提供正式有效的新用人单位就职证明或失业证明。该协议第7条约定，乙方违反保密义务、竞业限制及本协议其他约定的，须向甲方支付违约金，并赔偿给甲方造成的一切损失。

2022年1月28日，老曹因个人原因提出离职，双方于当日解除劳动合同关系。第二天，老曹入职B公司。2022年3月1日，A公司得知老曹入职B公司后，立即向老曹寄送了律师函。A公司认为老曹入职的B公司与A公司具有直接竞争关系，老曹违反了双方签订的劳动合同与保密及竞业限制协议，依法应当承担违约责任。A公司同时提起仲裁，要求老曹支付违约金。

老曹则主张A公司和B公司不具有直接竞争关系，A公司的主营业务为销售产品，而B公司的主营业务为开发产品。同时，其在A公司的工作岗位为产品销售，在B公司的工作岗位是高级需求分析顾问，主要任务是协助产品经理梳理产品需求，撰写需求文档交予开发；其在A公司是现场销售产品，并解答顾客提出的产品问题，而在B公司是做数据分析，不需要去现场，也不需要向客户推销产品和解答客户疑问。老曹提起反请求，认为自己在两家公司担任的职位不同，工作内容也不相同，不会泄露从A公司获得的商业信息，也不违反竞业限制协议，要求A公司继续支付竞业限制补偿金。

在仲裁委员会审理中，A公司主张保密及竞业限制协议中并未明确约定竞业限制补偿金，故其不需要向老曹支付竞业限制补偿金。同时，A公司未提交其他证据证明老曹违反了竞业限制义务。

案例评析：

老曹与 A 公司签订的保密及竞业限制协议是双方的真实意思表示，并未违反法律、行政法规的禁止性规定，且在订立协议时不存在欺诈、胁迫或者乘人之危等情形，应为有效。虽然保密及竞业限制协议并未明确约定竞业限制补偿金及违约金的具体数额，但现行法律法规没有规定该情形将导致竞业限制协议无效（最高人民法院《关于审理劳动争议案件适用法律问题的解释（一）》第 36 条）。同时，A 公司提供的证据并不能证明其和 B 公司之间具有直接竞争关系，也不能证明老曹泄露了其在 A 公司任职时所获得的商业信息，故 A 公司请求确认老曹违反竞业限制义务、支付竞业限制违约金的依据不足，仲裁委员会不予支持。

常见套路或误区：

有的劳动者虽与用人单位签订了竞业限制协议，但认为协议中没有明确约定竞业限制补偿金，或者约定了竞业限制补偿金，但没有明确约定具体金额，离职后以此为由主张竞业限制协议未生效，故而不遵守双方约定的竞业限制规则。

有的用人单位以竞业限制协议中未约定竞业限制补偿金为由主张该协议无效，在劳动者离职时不支付竞业限制补偿金。实际上，只要双方在签订劳动合同时或另行签订协议时约定劳动者离职后在一定时间内不能到与原用人单位具有竞争关系的单位任职或者从事与原用人单位所从事方向相同的工作等内容的，就可以认定双方之间达成了竞业限制协议，就要遵守。因此，即使协议中未明确约定竞业限制补偿金及金额，也不影响该协议的效力。

应对建议：

用人单位应与高级管理人员、高级技术人员以及其他负有保密义务的人员（如能够接触到用人单位商业秘密的市场销售人员等）签订竞业限制协议，要求这些劳动者在离职后，一定时间内不得在生产或者经营同类产品、从事同类业务或有其他竞争关系的用人单位任职，也不得自己生产或者经营同类产品或从事同类业务。

用人单位在与签订过竞业限制协议的劳动者解除劳动合同时，应当明确告知劳动者要遵守竞业限制义务，提醒劳动者不要到与本单位有竞争关系的单位任职，甚至可以适当列举与本单位有竞争关系的单位。此外，用人单位可以要求处于竞业限制期的员工在入职新单位时通知自己，以方便查看该单位是否与本单位存在竞争关系。

劳动者入职时或在职时签订过此类协议，离职后入职新单位的，应当注意新单位与原单位是否存在竞争关系，可以通过比较两家单位是否生产、经营同类产品、从事同类业务以及查看登记的经营范围是否有所重合等进行判断。

3. 劳动者不遵守竞业限制协议，这钱赔得不冤！

> **案例**
>
> 老曹于2020年8月10日入职A公司，岗位为物流运营，后双方签订了3年期的劳动合同及竞业限制协议，协议中约定了违反竞业限制义务的违约责任，包括返还补偿金、支付违约金，违约金标准以老曹离职前12个月税前平均工资计算。2021年8月16日，双方解除劳动关系。鉴于老曹在职期间接触到公司商业秘密，公司让其于离职当日签署了竞业限制通知书，载明老曹须履行竞业限制义务，期间为2021年8月17日至2021年11月16日，并明确列举了竞争业务、竞争公司的范围，同时要求老曹应当披露就业状况并报备。此后公司按月向老曹支付竞业限制补偿金并要求老曹履行报备义务。但在竞业限制期限内，A公司发现老曹

第十三章 | 保密义务与竞业限制

入职了与本公司有竞争关系的 B 公司，于是提起仲裁，要求老曹支付竞业限制违约金 123 万元。

老曹提起反请求，要求公司支付竞业限制违约金 30 万元。老曹认为公司仅支付竞业限制补偿金 5 000 元，未按约定支付竞业限制补偿金，构成违约。老曹还认为公司单方确定的竞业限制违约金明显畸高，请求驳回公司的诉求。

案例评析：

本案中，在竞业限制协议及竞业限制通知书中约定了竞业限制义务，上述文件约定的内容不违反法律规定，合法有效，对双方当事人具有约束力。根据双方约定，竞业限制期限以竞业限制通知书确定的期限为准，即 2021 年 8 月 17 日至 2021 年 11 月 16 日，双方均应严格遵守约定。

A 公司主张老曹 2021 年 9 月起连续两周在正常上下班时间出入 B 公司办公场所，其为竞品公司工作的行为违反了竞业限制约定，A 公司提供的两份公证书及视频载明老曹在该期间于上下班时间多次进出 B 公司所在办公大厦。通过对比营业执照，两家公司所登记的经营范围明显存在重合，根据各自官网的介绍和一般社会认知，仲裁委员会认为两家公司在业务上存在竞争关系。另外，老曹自认在 A 公司主要负责和对接线下招商运营工作。仲裁委员会认为老曹为与 A 公司存在竞争关系的 B 公司工作，存在利用在 A 公司掌握的商业秘密削弱 A 公司竞争优势的潜在可能。故老曹已违反了双方竞业限制协议的约定。根据竞业限制协议和竞业限制通知书，老曹应返还 A 公司已支付的竞业限制补偿金 5 000 元。同时，根据双方关于违约金的约定，仲裁委员会综合考量本案中老曹的在职时间、竞业限制期限、违约行为、原工资标准、A 公司支付的补偿金和双方约定的违约金的数额等因素，最终裁决老曹应向 A 公司支付竞业限制违约金 76 万元。

《劳动合同法》第 23 条第 2 款规定，劳动者违反竞业限制约定的，应当按照约定向用人单位支付违约金。虽然该规定并未明确违约金的支付标准，但是劳动者只要违反了竞业限制约定，就负有支付违约金的义务。同时，可以参考《民法典》第 585 条的规定：当事人可以约定违约金的支付标准，双方约定的违约金低于实际损失的，可以根据当事人的请求酌情增加；约定的违约金过分高于实际损失的，人民法院或者仲裁机构可以根据当事人的请求予以适当减少。

在双方约定了违约金的情况下，违约者应承担违约责任，这是原则性规定；在约定的违约金畸高的情况下，仲裁机构或法院对违约金进行酌减属于例外。违约金是对守约一方利益的保护，并不以守约方遭受损失为前提，且劳动者违反竞业限制约定对用人单位造成的损失客观上也难以精确计算。实践中，有的裁判机构没有支持劳动者要求酌减违约金的请求，这样的裁判思路是尊重双方当事人约定。劳动者在签订竞业协议时为完全民事行为能力人，应当预见到自己违反竞业限制义务后需要承担的违约责任。

常见套路或误区：

有些劳动者心存侥幸，认为自己离职后，用人单位未必有证据证明自己去了竞争单位，只要过了竞业限制期，用人单位即使发现了也没关系。有的劳动者本来是因为跳槽到同行业用人单位才离职的，但在离职时原用人单位要求其履行竞业限制义务，劳动者认为放弃新的工作机会很可惜，因此铤而走险，想赌一把。实际上，用人单位可以委托调查人员进行调查并对证据予以公证——只要劳动者在新用人单位上班，就很容易被收集到相关证据。有些案件裁判下来，劳动者要支付的违约金可能比在新单位上几年班的工资总额还要高。

应对建议：

用人单位如果发现负有竞业限制义务的劳动者在离职后入职与自己有竞争关系的新用人单位，对自己的竞争优势会产生损害，可以收集证据进行维权，必要时，可以委托公证员进行证据保全。

已经签订的竞业限制协议不是摆设，劳动者不要心存侥幸，要看一下约定的违约金自己能否承受，不要认为仲裁委员会或法院一定会对看起来很高的违约金进行酌减。仲裁委员会或法院会综合考虑是否酌减违约金，如果劳动者恶意违反竞业限制义务，不酌减也可以。因此，负有竞业限制义务的劳动者，在竞业限制期限内一定要遵守该义务，以免承担违约责任。

同时，劳动者应当注意，竞业限制违约金与损害赔偿责任并不相同。劳动者在与原用人单位签约竞业限制协议以后，只要有违约行为，如到与原用人单位具有竞争关系的单位任职，便需要向原用人单位支付违约金，并不以原用人单位受到实际损害为条件。原用人单位可直接依据双方约定的违约金要求劳动者进行赔偿。

4. 用人单位在合同中约定竞业限制补偿金已在工资中支付？行不通！

> **案例**
>
> 老曹于2020年9月25日入职北京市A公司，负责技术支持工作，双方签有期限自2020年9月25日至2023年9月24日的劳动合同，合同中"保密及竞业限制补偿"处填的是"/"。老曹试用期月工资为5 000元加绩效工资600元；转正后月工资为6 000元加绩效工资1 000元。2022年3月7日，老曹向A公司提出离职，双方的劳动合同于2022年4月5日解除。

> 　　老曹入职时与A公司签有竞业限制合同及保密协议。其中竞业限制合同约定，离职后的2年内，老曹不得开展与A公司竞争的业务，不得受雇于与A公司有竞争关系的公司，或以任何方式为其服务；老曹应认真履行竞业限制义务，相应的竞业限制补偿金已在工资中发放。老曹离职后，A公司未向其支付竞业限制补偿金。
>
> 　　现老曹主张A公司未发放过竞业限制补偿金，且后者告知其需要履行竞业限制义务，故要求A公司按照北京市最低工资标准向其支付竞业限制补偿金。

案例评析：

　　用人单位与劳动者在劳动合同或保密协议中约定了竞业限制条款，用人单位如果认为劳动者不必履行竞业限制约定，应当明确告知。本案中，老曹与A公司在竞业限制合同中约定了竞业限制条款，该约定是双方当事人的真实意思表示，不违反法律法规的强制性规定，双方应当遵守。老曹于2022年4月5日离职，A公司主张在老曹离职时已告知他无须再履行竞业限制义务，但该公司未能就此主张进行举证，仲裁委员会对此不予采信。

　　A公司主张竞业限制补偿金已包含在工资中，随工资一起发放，即使老曹在离职后遵守竞业限制义务，公司也无须再向其支付经济补偿。合同中的该条款免除用人单位义务、损害劳动者权益，违反了法律规定，应当认定为无效。《劳动合同法》第23条第2款规定，对负有保密义务的劳动者，用人单位可以在劳动合同或者保密协议中与劳动者约定竞业限制条款，并约定在解除或者终止劳动合同后，在竞业限制期限内按月给予劳动者经济补偿。劳动者违反竞业限制约定的，应当按照约定向用人单位支付违约金。可见，法律规定的竞业限制补偿金，应在劳动合同解除或终止后支付，是对限制劳动者就业权的补偿。

在未约定竞业限制补偿金标准的情况下，劳动者可以主张按离职前 12 个月平均工资的 30% 按月支付经济补偿，由于老曹在职时月薪为 7 000 元，竞业限制补偿金为 2 100 元，低于北京市最低工资标准，老曹主张按照北京市最低工资标准予以核算，未超过法定标准，仲裁委员会应予支持。

常见套路或误区：

很多用人单位会在劳动合同等协议中预设一些对自己有利的条款，即使这些条款最终被认定为不合法，也能起到"忽悠"劳动者的作用。但有时候误导别人的同时也误导了自己。哪些条款可以在劳动合同中约定，哪些不可以，用人单位应当对此有清晰的认识。免除用人单位义务、损害劳动者权益的条款是无效的。

应对建议：

与用人单位签订竞业限制协议后，劳动者的再就业范围会大受限制。因此，为了维护劳动者的合法权益，法律规定用人单位应向劳动者支付竞业限制补偿金。用人单位要遵守法律，不要侵害劳动者的基本权益。为了避免再就业自由受到不确定因素的干扰，劳动者应当对是否需要遵守竞业限制约定有明确的认识。用人单位最迟应当在劳动合同解除或终止时明确告知劳动者是否需要继续遵守竞业限制协议，这是基于诚实信用原则和双方在先的劳动关系产生的用人单位的附随义务。

劳动者离职时可以主动询问自己是否需要遵守竞业限制义务，并留存证据。劳动者入职新单位时，新单位可能会主动询问与原单位是否签有竞业限制协议以及是否要遵守竞业限制义务。因此，在

职场人必读：劳动纠纷解决实务

离职时，劳动者可以要求用人单位在开具的离职证明上明确说明自己是否需要遵守竞业限制义务。

5. 用人单位不支付竞业限制补偿金，劳动者可以解除竞业限制义务！

> **小案例**
>
> 老曹于 2018 年 11 月 5 日入职一家科技公司，任中台总指挥，负责公司的综合运营工作，系高级管理人员，入职时签署了劳动合同及员工竞业限制协议，其中约定竞业限制期限为 2 年，但对补偿金、违约金标准未作明确约定。双方劳动合同于 2019 年 6 月 24 日解除。
>
> 公司在老曹离职后未支付竞业限制补偿金。2019 年 11 月 7 日，老曹以书面形式通知公司解除竞业限制协议，理由为公司已超过 3 个月未支付竞业限制补偿金。随后，老曹向当地仲裁委员会申请仲裁，请求裁决公司向其支付 2019 年 6 月 25 日至 2019 年 11 月 7 日的竞业限制补偿金，解除与公司的竞业限制协议，并额外支付 3 个月的竞业限制补偿金。
>
> 仲裁委员会裁决公司向老曹支付 2019 年 6 月 25 日至 2019 年 11 月 7 日期间的竞业限制补偿金，但驳回额外支付 3 个月的竞业限制补偿金的请求。裁决作出后，双方当事人均不服，又向法院提起了诉讼。

案例评析：

本案的争议焦点为老曹与公司之间是否存在有效的竞业限制约定。老曹提交的员工竞业限制协议虽未明确约定补偿金、违约金标准，但该协议中已明确约定老曹须履行竞业限制义务，即对老曹的择业权进行了限制。老曹是公司高级管理人员，属于签署竞业限制协议的人员范畴。综上，可以确认双方所签署的竞业限制协议合法有效，对双方当事人均有约束力。

依据最高人民法院《关于审理劳动争议案件适用法律问题的解释（一）》第 38 条的规定，当事人在劳动合同或者保密协议中约定了竞业限制和经济补偿，劳动合同解除或者终止后，因用人单位的原因 3 个月未支付经济补偿，劳动者请求解除竞业限制约定的，人民法院应予支持。公司自老曹离职后未向其支付竞业限制补偿金，老曹以此为由提出解除竞业限制协议，并无不当，要求公司支付 2019 年 6 月 25 日至 2019 年 11 月 7 日期间的竞业限制补偿金，于法有据。故仲裁委员会裁决公司应支付老曹 2019 年 6 月 25 日至 2019 年 11 月 7 日期间的竞业限制补偿金。

老曹要求公司额外支付 3 个月的竞业限制补偿金的请求，是否应予支持？实践中对此有一定的争议。最高人民法院《关于审理劳动争议案件适用法律问题的解释（一）》第 39 条规定，在竞业限制期限内，用人单位请求解除竞业限制协议的，人民法院应予支持。在解除竞业限制协议时，劳动者请求用人单位额外支付劳动者 3 个月的竞业限制经济补偿的，人民法院应予支持。这里的"在解除竞业限制协议时"理解为"用人单位解除竞业协议限制"更为恰当，在这种情况下，劳动者可以额外获得 3 个月的经济补偿。本案中是老曹请求公司解除竞业限制，所以仲裁委员会没有支持老曹要求公司额外支付 3 个月的竞业限制补偿金的请求。

常见套路或误区：

一些用人单位要求所有劳动者一律签订竞业限制协议，或者将竞业限制条款写在劳动合同中，但是，在劳动者离职时，对于不需要遵守竞业限制的劳动者，用人单位也不通知劳动者解除，以为不支付竞业限制补偿金就意味着不要求离职劳动者履行竞业限制义务。

有的劳动者不知道用人单位在竞业限制期内解除竞业限制时，可以请求用人单位额外支付 3 个月的竞业限制经济补偿金。

应对建议：

用人单位与劳动者在劳动合同或保密协议中约定了竞业限制条款，用人单位如在此后认为劳动者不必遵守竞业限制约定，应当明确告知。无论劳动合同或者竞业限制协议如何约定，用人单位在向劳动者下达解除劳动合同通知书或者开具离职证明时，应在其中明确告知该劳动者离职后是否需要遵守竞业限制义务。

对于劳动者而言，如果用人单位不按时支付竞业限制补偿金，已经履行了竞业限制义务的劳动者可以通过仲裁的方式请求用人单位支付。如果用人单位因为自身原因超过 3 个月未支付竞业限制补偿金，劳动者可以与其解除竞业限制协议，不必再遵守竞业限制义务。此外，劳动者可以与用人单位协商一致，解除竞业限制协议。

第十四章 离职证明及离职交接

劳动关系解除后，用人单位有义务向劳动者出具离职证明，以便于劳动者在下一家单位入职。离职证明与解除劳动合同通知不同，用人单位不能以已经出具了解除劳动合同通知为由拒绝出具离职证明。劳动关系解除，劳动者有妥善交接工作的义务，以避免因工作无人负责而给用人单位造成损失。

1. 离职证明中有恶意主观评价，应重开证明并赔偿损失！

小案例

2020年5月13日，老曹与A公司签订的劳动合同约定，老曹的岗位为A公司运营经理，每月的薪酬构成（税前）包括：（1）基本工资11 200元；（2）岗位工资11 200元；（3）绩效工资5 600元，实际发放金额根据公司考核情况确定，为浮动收入。合同期限自2020年5月13日至2023年5月12日，其中试用期为3个月。

2021年8月18日，A公司给老曹送达劳动合同解除通知书，说因老曹严重违反公司规章制度，公司于8月18日起解除劳动合同。

2021年9月17日，老曹收到B公司的入职Offer，该公司拟聘用老曹担任企业法务部门高级运营专家，到岗后的月工资为人民币30 000元。随后，该公司人力资源部要求老曹提供离职证明，老曹于2021年9月22日上午11点18分通过微信联系A公司人力资源部的赵某，要求A公司出具离职证明，赵某于当日下午3点13分发送给老曹的离职证明是2021年8月18日开具，无A公司的公章或人事专用章，其中记载着"老曹……因严重违反公司规章制度，公司于2021年8月18日单方与其解除劳动合同"。之后，因离职证明不符合规定，老曹未能正常入职B公司。

老曹认为该离职证明载明的自己严重违反规章制度的内容与事实不符，导致自己错失在B公司工作的机会，于是提起仲裁，请求仲裁委员会裁决A公司依照法律规定为自己开具离职证明，并赔偿给自己造成的经济损失360 000元。

A公司认为，根据《员工手册》规定，未经审批离岗超过15分钟被视为严重违纪行为。老曹多次无故离开工作岗位超过15分钟且未填报日报，严重违反公司规章制度，公司单方解除劳动合同并无不当，出具的离职证明与事实相符合。离职证明应当是对解除劳动关系的客观事实的描述，而不是老曹个人理解的正面或者负面的评价。本公司没有义务配合老曹作出不符合实际情况的表述。

就A公司以老曹严重违反公司规章制度为由与老曹解除劳动合同一事，此前老曹已提起仲裁，仲裁委员会裁决A公司属于违法解除劳动合同。

案例评析：

《劳动合同法》第50条第1款、第2款规定，用人单位应当在解除或者终止劳动合同时出具解除或者终止劳动合同的证明，并在15日内为劳动者办理档案和社会保险关系转移手续。劳动者应当按照双方约定，办理工作交接。用人单位依照本法有关规定应当向劳动者支付经济补偿的，在办结工作交接时支付。本案中，A公司虽于2021年9月22日向老曹发送了离职证明，但该证明并未加盖A公司公章。对此，A公司主张2021年8月18日送达的劳动合同解除通知书即为离职证明。《劳动合同法实施条例》第24条规定，用人单位出具的解除、终止劳动合同的证明，应当写明劳动合同期限、解除或者终止劳动合同的日期、工作岗位、在本单位的工作年限。本案中的劳动合同解除通知书显然不符合上述要求。因此，老曹请求仲裁委员会裁决A公司重新出具离职证明具有事实及法律依据，仲裁委员会予以支持。同时，因已有生效裁判认定A公司系违法解除劳动合同，故A公司出具的离职证明中不应记载老曹严重违反规章制度等与事实不符的内容。

《劳动合同法》第 89 条规定，用人单位违反本法规定未向劳动者出具解除或者终止劳动合同的书面证明，由劳动行政部门责令改正；给劳动者造成损害的，应当承担赔偿责任。老曹主张因 A 公司开具的离职证明有与事实不符的内容，致其遭受经济损失 360 000 元，但老曹并未提交充足证据证明所主张的就业机会丧失与 A 公司向其出具的有负面评价的离职证明之间存在直接因果关系。鉴于 A 公司出具的载有"老曹严重违反公司规章制度"内容的离职证明缺乏事实依据，且客观上会对老曹再就业产生一定影响，故仲裁委员会综合考虑 A 公司的过错程度、老曹遭受的损失扩大的原因及老曹所主张的经济损失的计算标准等因素，结合本案具体案情，酌定 A 公司给予老曹一定金额的赔偿。

常见套路或误区：

有些用人单位诱骗劳动者在空白的离职申请书上签字，之后用人单位在空白的"离职申请理由"处填上"因违反公司规章制度而解除劳动合同"，并向劳动者出具带有负面评价的离职证明，影响劳动者再就业。有的劳动者没有认识到此类离职证明对自己以后求职的不利影响，认为拿到用人单位出具的离职证明即可，没有仔细阅读用人单位填写的离职原因便签字，等到准备入职新用人单位时，才发现无法正常入职，甚至与新工作失之交臂。

应对建议：

劳动者在拿到用人单位出具的离职证明时，应当仔细阅读，检查是否存在与实际情况不符的文字内容。如果离职证明载有对劳动者有负面评价且与事实不符的内容，劳动者可以要求用人单位重新出具离职证明。如果用人单位不予更改，劳动者可以通过提起仲裁或诉讼的方式要求用人单位予以更改。同时，劳动者有证据证明因用人单位出具带有负面评价的离职证明给自己造成损失的，还可以要求赔偿。

用人单位在给劳动者出具离职证明时，应当本着诚实信用、实事求是的原则，对劳动者进行客观评价。如果用人单位出具的不符合实际的离职证明给劳动者造成了负面影响，甚至给劳动者造成经济损失的，会面临劳动者索赔、陷入劳动仲裁或诉讼的风险。

2. 用人单位拖延出具离职证明，给劳动者造成损失，该不该赔？

小案例

老曹于2017年11月28日入职A公司，任课程顾问，工资为1.5万元/月，双方签订了书面劳动合同，2019年10月16日双方劳动关系解除。

2019年11月25日，老曹获得B公司的工作机会，为办理入职向A公司索要离职证明，但A公司未及时给老曹出具离职证明，导致老曹错失了此工作机会。老曹提起仲裁，请求A公司支付其未出具离职证明导致自己无法入职新单位带来的经济损失9万元。

为证明以上主张，老曹提交了以下证据：

1. B公司入职通知书。该证据载明：尊敬的曹先生，您在本单位的试用期为1个月，工资为2.4万元/月，转正后工资为3万元/月，合同期为2年。请携带以下材料于2019年11月28日早上9:00到我单位报到，超过时间未办理报到手续，视为自动放弃。……原单位离职证明原件（必须）。

2. B公司不予录取通知书。该证据载明：尊敬的曹先生，首先非常感谢您对本单位的信任和支持！虽然本单位于2019年11月

25 日曾给您发过入职通知书（试用期 1 个月，工资为 2.4 万元每月，转正后工资为 3 万元/月，合同期限 2 年等），但是因您未能在 2019 年 11 月 28 日及时提供原单位离职证明原件而未被录用。再次感谢您对本单位的关注！

最终，仲裁委员会裁决 A 公司支付老曹 1.5 万元。

案例评析：

用人单位应当在解除或者终止劳动合同时出具证明，未向劳动者出具解除或者终止劳动合同的书面证明，给劳动者造成损害的，应当承担赔偿责任。本案中，A 公司未在解除劳动关系时向老曹出具解除劳动合同的证明，老曹就 A 公司此举给其造成的损失提交了 B 公司的入职通知书以及不予录取通知书，仲裁委员会对上述两项证据的真实性予以采信，认为老曹主张 A 公司赔偿因未出具离职证明给其造成的经济损失具有事实和法律依据。但离职证明并非劳动者能否再次成功就业的唯一或决定性因素，仲裁委员会认为老曹主张的损失数额过高，参照老曹在 A 公司的工资标准以及 A 公司未开具离职证明对其再就业的影响程度，裁决 A 公司赔偿老曹 1.5 万元。

常见套路或误区：

劳动者离职后，若没有及时向用人单位索要离职证明等可以证明劳动者与用人单位解除劳动关系的文件，很可能因为缺少离职证明而错失新的工作机会。

部分劳动者缺乏法律意识，不知道在被辞退后，用人单位如不出具离职证明，自己可以向用人单位索要，也可以向劳动监察部门投诉。有的劳动者在向用人单位索赔时，缺乏相关证据，导致索赔请求无法得到仲裁委员会或法院的支持。

应对建议：

离职证明是用人单位与劳动者解除劳动合同或终止劳动关系的书面凭证，关系到劳动者的再就业。向离职的劳动者出具离职证明是用人单位的义务。如果用人单位拒绝、拖延、不按法律规定向劳动者出具离职证明，导致劳动者遭受经济损失的，需要承担赔偿责任。

因此，用人单位在劳动者离职时，应积极履行自己的义务，按照法律规定，及时向劳动者出具离职证明，避免可能出现的赔偿风险。劳动者如果因用人单位不及时出具离职证明而遭受损失，应当保存好相关证据，积极维护自己的合法权益。劳动者应注意收集以下证据：用人单位不及时出具离职证明的证据，自己因用人单位不及时出具离职证明遭受实际损失的证据，损失的产生与用人单位未出具离职证明之间具有因果关系的证据。常见的证据一般包括劳动者与用人单位就出具离职证明进行沟通的电子邮件、电话录音、微信聊天截图等，以及新单位的录用通知书、因缺少离职证明而错失的新工作机会证明等。

第十五章　解决劳动争议的实操流程

至此，我们已经对劳动法律的基本知识有了一定的了解，但如果不了解劳动争议案件的实操程序，仍然有可能败诉。下面我们通过总结案件处理经验，对劳动争议案件的实操流程进行介绍。希望每位劳动者都能了解并掌握这些流程，在遇到问题时，能够依法维护自己的权益。

第十五章 | 解决劳动争议的实操流程

1. 劳动争议的仲裁流程。

> 案例
>
> 老曹 2023 年 11 月 1 日收到了公司的辞退通知，被告知公司经营困难，客观情况发生重大变化，导致劳动合同无法继续履行，双方经协商未就变更劳动合同达成一致，故单方面通知老曹解除劳动合同。老曹不认可公司的解除理由，想申请劳动仲裁，但不知道该怎么写材料，也不了解怎么提起劳动仲裁，更没打过官司，不知道在仲裁庭上该说什么。

⚖ 案例评析：

面对复杂的劳动仲裁流程，不少人会感到迷茫和无助。提起劳动争议仲裁需要明确以下要点。

（1）劳动者与用人单位的争议是否由仲裁委员会受理？

《劳动争议调解仲裁法》是关于劳动仲裁的程序性法律。该法第2条规定，中华人民共和国境内的用人单位与劳动者发行的下列劳动争议，适用本法：①因确认劳动关系发生的争议；②因订立、履行、变更、解除和终止劳动合同发生的争议；③因除名、辞退和辞职、离职发生的争议；④因工作时间、休息休假、社会保险、福利、培训以及劳动保护发生的争议；⑤因劳动报酬、工伤医疗费、经济补偿或者赔偿金等发生的争议；⑥法律、法规规定的其他劳动争议。对于上述争议，当事人不能直接向法院起诉，应先向劳动人事争议仲裁委员会申请仲裁；对仲裁裁决不服的，才可以向法院起诉。这就是通常说的劳动争议仲裁程序前置。

（2）劳动者应该向什么机构提起劳动仲裁？

发生劳动争议后，劳动者应向劳动人事争议仲裁委员会申请仲裁。这里会涉及管辖问题：劳动争议由劳动合同履行地或者用人单位所在地的劳动人事争议仲裁委员会管辖，通常是所在县或区的仲裁委员会。这里的劳动合同履行地，通常就是劳动者上班的地方；用人单位所在地包括用人单位注册地、登记地或者主要办事机构所在地。劳动合同履行地和用人单位所在地不一致，双方当事人分别向劳动合同履行地和用人单位所在地的仲裁委员会申请仲裁的，由劳动合同履行地的仲裁委员会管辖。有多个劳动合同履行地的，由最先受理的仲裁委员会管辖。劳动合同履行地不明确的，由用人单位所在地的仲裁委员会管辖。

如仲裁委员会发现已受理的案件不属于其管辖的，应将案件移送至有管辖权的仲裁委员会，并书面通知当事人。实践中常遇到劳动者上班地点与公司注册地不一致的情况，此时劳动者需要提供履行劳动合同的证据，以应对用人单位可能会在案件处理中提起的管辖异议。如果被申请人对管辖有异议，应当在答辩期满前书面提出管辖异议申请。

（3）仲裁立案要提交什么材料？

向劳动人事争议仲裁委员会提起劳动仲裁通常需要提交下列材料。

①申请书。仲裁申请书包括下列部分：第一部分是申请人与被申请人的基本信息，即劳动者的姓名、性别、年龄、职业、工作单位和住所、联系电话，用人单位的名称、住所和法定代表人或者主要负责人的姓名、职务及联系电话。第二部分是仲裁请求，申请人要对请求进行分项列举，如"请求支付违法解除劳动合同的赔偿金×××元""请求支付解除劳动合同的经济补偿（也有仲裁委员会要求写为补偿金）×××元"。主张工资、加班费、未休年休假工资等的，应当写明时间段，如对于用人单位未足额支付工资的情况，申请人可以列该项请求为"请求支付2023年1月1日至2023年6月15日的工资差额×××元"；对于加班费，除了明确说明加班的时

间段外，还需要说明加班的类型，对于工作日延时加班、休息日加班和法定节假日加班要分别列明，如"请求支付2023年1月1日至2023年5月31日的工作日延时加班费×××元"。请求的事项要按一定顺序列明，因为仲裁委员会一般会按请求顺序进行审理。第三部分是事实和理由，申请人通常要对入职时间、岗位或职位、是否签订劳动合同、劳动合同期限、工资标准及工资构成等做简要介绍。之后可以阐述发生了何种争议，例如，"被申请人于2022年3月30日向申请人发出解除劳动合同通知书，解除通知书上载明的解除理由为……。该解除通知书缺乏事实及法律依据，属于违法解除。"申请人可以适当引用法律依据，还可以对相关计算标准和方法进行说明，如"申请人劳动合同解除前12个月的平均工资为×××元，在本单位工作年限为×年，最后提供劳动日期为×月×日"。有的仲裁委员会要求每个申请事项的计算方法在申请书正文后备注列明。申请书以"为保护申请人的合法权益，特申请劳动仲裁"来结尾，之后署名、写日期。很多仲裁委员会立案现场提供有模板，劳动者可以参照模版来填写。申请书应至少按被申请人人数加一的份数提交原件，有的仲裁委员会会多要一份用于正式受理前的调解程序。

②身份证件。申请人为劳动者的要提交身份证复印件，立案时带身份证原件。单位为申请人的，则需要带加盖公章的营业执照复印件、法定代表人身份证明及法定代表人身份证复印件，负责具体办理立案的员工还需要提交身份证复印件和授权委托书。

③劳动者申请仲裁的，可以到"国家企业信用信息公示系统"网站检索打印企业工商信息备用，有的仲裁委员会会要求劳动者自行打印并提交被申请人的企业信用信息。

④证据材料。立案时是否提交证据材料要咨询仲裁委员会，相关要求可能随时发生变化。如北京市朝阳区、海淀区目前对立案时

是否提交证据没有硬性要求，东城区则要求有社保证明或劳动合同等能证明双方存在劳动关系。为便于仲裁委员会审查立案，建议申请人至少携带可以证明劳动关系的基础证据，如劳动合同、解除劳动合同通知书、社保证明或工资流水等。

（4）受理与调解。

按照法律规定，劳动人事争议仲裁委员会自收到仲裁申请之日起 5 日内，认为符合受理条件的，应当受理。实践中，申请人提交仲裁申请后，不同仲裁委员会后续的具体操作程序可能略有差异。有的 5 日内经审查后发给《受理通知书》；有的先行调解，调解不成的，才向申请人下达《受理通知书》。如经审查不予受理的，仲裁委员会会发给《不予受理通知书》，申请人可以持《不予受理通知书》向法院起诉。仲裁委员会应当自受理之日起 5 日内将仲裁庭组成人员、答辩期限、举证期限、开庭日期和地点等事项一次性通知双方当事人。对于仲裁委员会通知的举证期限，双方当事人应遵守，逾期举证的须承担不利后果。

（5）仲裁委员会向被申请人送达申请书。

仲裁委员会受理仲裁申请后，应当在 5 日内将仲裁申请书副本送达被申请人。被申请人收到仲裁申请书副本后，应当在 10 日内向仲裁委员会提交答辩书。逾期未提交答辩书的，不影响仲裁程序的进行，一般允许在开庭时进行答辩。反申请及管辖异议均应在答辩期间内提出。

（6）证据交换。

有的仲裁委员会在开庭前有一个证据交换环节，如北京市朝阳区、海淀区仲裁委员会目前都有专门的证据交换环节，逾期未提交的，原则上不再接受。所以如果仲裁委员会通知了证据交换时间，双方当事人一定不能迟到；没有通知证据交换的，双方按举证通知书上规定的举证期限提交即可。

（7）开庭。

仲裁委员会向双方送达《开庭通知书》，当事人应按《开庭通知书》规定的时间和地点准时参加庭审。申请人收到书面通知，无正当理由拒不到庭或者未经仲裁庭同意中途退庭的，可以视为撤回仲裁申请；被申请人收到书面通知，无正当理由拒不到庭或者未经仲裁庭同意中途退庭的，可以缺席裁决。

庭审一般按下列流程进行。

①核实申请人与被申请人及出庭人员身份信息，询问双方对对方出庭人员是否有异议。

②告知当事人庭审纪律和各自的权利义务，告知仲裁员姓名，询问双方当事人是否申请仲裁员回避。

③通常由申请人陈述具体的请求和事实理由，有的会直接询问申请书是否有变化，没有变化的话就不需要申请人宣读申请书。仲裁员可能在这一环节询问各项请求的计算方式。这里需要重点说明一下，如果申请人要增加或者变更仲裁请求，应当在举证期限届满前提出，举证期限届满后则无法再增加或变更仲裁请求，放弃仲裁请求的除外。如果没有单独规定举证期限，申请人可以在这个阶段当庭提出，但申请人增加或者变更仲裁请求，被申请人要求给予答辩期的，须另行安排开庭时间。因此，仲裁委员会即使没有单独设置举证期限，申请人的仲裁请求若有变化，也应及早向仲裁员提交，以确保对方的答辩期，免得影响原本的开庭安排。

④被申请人答辩。被申请人如未提交书面的答辩状，可以口头答辩。答辩一般是针对申请人的请求逐项进行，并简要阐述理由。常见表述有"不同意支付……，申请人的该项仲裁请求应予驳回"。

⑤举证质证。先由申请人进行举证，向仲裁庭提交的证据最好制作成表格形式的"证据材料清单"或"证据目录"，逐项填写证据名称、证明的内容及页码，也有仲裁委员会要求填写证据来源、证

据类型或是否有原件。对提交的证据应当进行编页，以便于翻找。可以按照请求顺序来排列相关证据，也可以先列劳动合同等基础证据。仲裁委员会对此并没有强制要求，但要有条理，不杂乱，证明同一事实或同类的证据尽量放在一起。如证据较多，还可以对证据进行分组。申请人举证后，由被申请人对申请人的证据进行质证。质证一般针对证据"三性"及证明目的两个方面。证据"三性"即真实性、合法性、关联性；证明目的即对方想用这项证据材料来证明什么事实。常见表述有"对该证据的真实性、合法性、关联性均不认可，对证明目的不认可""认可证据的真实性，不认可关联性，不认可证明目的"。之后可以陈述一下理由。如果一份证据是真实的，且对于该证据要证明的内容也认可，可以这样表述："对该证据无异议。"被申请人质证结束，再由被申请人进行举证，由申请人对被申请人提交的证据进行质证。

⑥仲裁庭调查。通常由仲裁员围绕劳动关系的基本事实和主要争议焦点对双方进行询问，如入职时间、岗位、是否签订劳动合同、劳动合同期限、工资标准及构成、劳动关系是否解除、解除的时间及方式、解除理由等。仲裁员常会针对同一问题分别询问双方当事人，对于双方陈述一致的事实，可以直接予以认定。有的仲裁员会将仲裁庭调查环节置于举证质证之前，有的仲裁员的询问和调查是贯穿庭审始终的。

⑦双方当事人发表辩论意见。在该环节双方当事人可以围绕争议焦点充分阐述自己的意见和理由。

⑧最后陈述。在该环节，申请人通常会表示"坚持申请请求"，被申请人会表示"坚持答辩意见"。该环节后庭审结束，因此双方当事人如有补充要及时进行陈述。

⑨询问双方当事人是否调解，是否有调解意见和方案。有的仲裁员会在开庭前对双方进行调解，如无法达成一致再开庭。无论庭

前是否进行调解，仲裁员在庭审结束后一般还是要询问一下双方是否调解。如一方表示不调解或双方分歧较大，则该环节结束。如同意调解但当庭无调解意见，可以表述为"同意调解，庭后调解"。

⑩阅读庭审笔录并签字。这一环节很重要，要仔细查看笔录，特别是基本身份信息、请求、发表的答辩意见、质证意见，以及庭审调查时回答的问题，看笔录是否遗漏了重要内容或是否准确，如果发现笔录有问题，可以要求书记员进行修改。但如想增加庭审中未陈述的内容或者想改变对自己不利的说法，则仲裁员不会同意修改。看笔录时要重点看对己方陈述的记录，如时间允许，也可以看一下对对方陈述的记录。当事人在笔录的每页都要签字，最后一页除签字外还写上日期。

（8）裁决。

复杂的案件可能一次开庭无法审理完，需要二次开庭；有时因仲裁员允许或者要求庭后补充证据，也需要安排二次开庭。庭审结束后，仲裁员会作出裁决书并向双方送达。

常见套路或误区：

劳动者参加庭审时，常会出现下列情况：随意打断仲裁员或对方的陈述，特别是在对方陈述的情况与自己所主张的事实不一致时，会忍不住直接出言打断，这会被仲裁员制止；多次被制止后，劳动者可能会认为仲裁员偏向对方，一直不让自己说话。

有劳动者忽视证据的重要性，认为仲裁结果完全取决于双方的辩论能力，开庭像吵架，甚至发生冲突，而不遵守仲裁庭纪律有可能被拘留或者罚款。

应对建议：

对于没有开庭经历的劳动者，庭审显得既神秘又紧张。许多人认为庭审现场就是一个激烈争论的场所,但实际上庭审是一个法律程序,参与人应当遵守仲裁庭规则。仲裁开庭由仲裁员主持,庭审应当按照程序和仲裁员的指示进行,在对方发言时自己不要随意打断,可在对方发言结束后立即向仲裁员表示对这个问题有不同看法,或者提出对方说的不是事实,说明事实是怎样的。

庭审发言要围绕争议焦点阐明自己的诉求,辩论环节并不是简单的口舌之争,参与人应在仲裁员指导下,围绕争议焦点各自发表看法,庭审时间有限,要抓住重点,不要让庭审跑偏。

2. 劳动争议的起诉与审理流程

> **案例**
>
> 老曹所在的公司注册地在上海,老曹一直在这家公司设在北京市朝阳区的办事处上班,双方就劳动关系解除发生争议。仲裁时,老曹以北京市朝阳区为劳动合同履行地,向朝阳区劳动人事争议仲裁委员会提起仲裁。经审理,该委员会作出裁决,支持老曹的大部分请求。老曹收到该裁决后,并没有向法院起诉。数日后,老曹接到了上海市长宁区法院的电话,告知老曹公司已经在上海起诉。

案例评析:

仲裁裁决后,任何一方当事人如对裁决结果不认可,自收到仲裁裁决之日起15日内,可以向有管辖权的人民法院提起诉讼——一裁终局案件除外。"有管辖权的人民法院",是指用人单位所在地和劳动合同履行地的区级法院,并不是仲裁委员会所在地的区级法院。本案中,用人单位注册地在上海市长宁区,因此公司在收到裁决后可以向其注册地法院起诉。劳动争议案件的一审管辖与仲裁管辖有一定的差异，仲裁管辖是劳动合同履行地区法院有优先管辖权。在法院一审阶段，双方当事人分别向劳动合同履行地和用人单位所在地（以注册地较为常见）区法院提起诉讼的，由先立案的法院管辖。如果劳动合同履行地和用人单位所在地不在同一地区，用人单位先向所在地的人民法院提起诉讼，劳动者要到外地应诉，可能不熟悉当地要求，也会增加差旅费用。为了避免出现这种情况，建议劳动者在收到裁决书后第一时间向法院起诉。劳动者如接到公司所在地法院的通知，应及时向该院提出管辖异议申请，法院收到申请后会进行审查并裁定是否移送案件。

一审立案需要提交的材料与仲裁阶段类似，不过不是提交仲裁申请书，而是提交民事起诉状。起诉状与申请书结构类似，但双方当事人称谓有变化，称"原告"和"被告"，"仲裁请求"也变更为"诉讼请求"。很多法院在立案后会有一个诉前调解环节，调解不成才会进入审判程序。案件受理后，法院会发通知要求缴纳诉讼费。劳动争议案件如果适用简易程序审理，诉讼费是 5 元；如果适用普通程序审理，诉讼费是 10 元。这一点跟仲裁不一样，仲裁不收取费用。起诉人收到缴费通知后应尽快缴费，如在 7 日内未缴纳，法院会按撤诉处理。进入审判程序后，后续流程和仲裁差不多。一审法院经开庭审理后会作出民事判决书并送达双方当事人。

如对一审判决不服，自收到一审判决之日起 15 日内，可以向中级人民法院上诉，一审法院在判决书的最后会告知当事人向哪个中级人民法院上诉。如双方均未上诉，则一审判决生效。上诉需要提交民事上诉状，双方当事人为"上诉人"和"被上诉人"，通常在列明双方基本信息后，会先表述"×××因与×××劳动争议案件，不服×××人民法院于××××年××月××日作出的××号（这里写判决书的完整案号）民事判决，现提起上诉"，之后写明上诉请求和上诉理由。最后是"此致""×××法院"，签名、签日期。

上诉状提交份数应按被上诉人数量再加一份，如只有一个被上诉人，要提交两份上诉人签名的上诉状原件，一般需要联系一审的法官按法官要求提交，例如可以用 EMS 邮寄给一审法官，一审法官收到后移送至中级人民法院。上诉时，可以补充一审时未提交的新证据，对于一审已经提交的证据则不需要再提交。二审案件原则上应当开庭审理，但也有不开庭审理的情形。《民事诉讼法》第 176 条规定，经过阅卷、调查和询问当事人，对没有提出新的事实、证据或者理由，人民法院认为不需要开庭审理的，可以不开庭审理。上诉方希望二审改判的，建议上诉时收集新证据和提出新理由，上诉后积极与法官取得联系，争取开庭审理。二审判决是终审判决，尽管在二审判决后 6 个月内当事人可以申请再审，但申请再审也不能阻止二审判决生效，除非案件最终被裁定再审。

案件经仲裁裁决后双方均未起诉或一审判决后双方均未上诉或二审判决书送达后，对应的裁判文书就发生法律效力，双方应按生效法律文书的内容履行。如一方未按期履行，另一方当事人可以向法院申请强制执行。申请强制执行须提交执行申请书（被申请人人数加一份）、判决书复印件、生效证明（有的法院不需要，系统内已经生效即可）、被申请人财产线索等。

常见套路或误区：

（1）用人单位可能更希望在注册地审理案件，所以会在收到仲裁裁决书后第一时间向其注册地所在基层法院提起诉讼。

（2）用人单位会通过管辖异议程序拖延诉讼流程，例如，劳动者向用人单位注册地法院起诉的，用人单位会称注册地并无实际办公地点，注册地法院无管辖权，应在用人单位主要办事机构所在地法院起诉。

（3）误以为一审阶段法院会有仲裁阶段的证据材料，在一审举证时，未提交仲裁时已经提交的证据。

应对建议：

如果劳动合同履行地与用人单位住所地不一致，特别是与用人单位注册地不一致，劳动者希望在本地法院起诉的，建议在收到仲裁裁决后，第一时间去法院起诉，争取早日立案。

劳动争议案件一审并不是劳动仲裁的上诉程序，而是一个独立的程序。在一审阶段，原告与被告需要重新举证，在仲裁阶段提交过的证据材料在一审中仍要完整提供。一审中，当事人可以调取记载有仲裁阶段对方当事人认可并且对己方有利的内容的笔录，提交给法庭，以防止对方在一审中改变说法。

3. 用人单位缺席仲裁庭审，对劳动者真的有利吗？

> **案例**
>
> 老曹入职一家餐饮店担任厨师，上了半年班，老板一直没跟他签劳动合同。某日，老板突然打电话让他另找工作，不用来上班了。老曹于是向劳动人事争议仲裁委员会提起仲裁，主张未签劳动合同的二倍工资差额及违法解除劳动合同的赔偿金。开庭的那天，用人单位并没有出庭，仲裁庭缺席审理。老曹以为这样一来他就胜券在握了。但事实真的如此吗？

案例评析：

老曹看到用人单位没有出庭，盲目地认为这对自己有利。用人单位缺席，确实会丧失举证、质证、表达自己观点、反驳对方观点的机会，但这并不意味着仲裁庭就会偏向老曹，仲裁员仍会严格按照证据进行裁决。由于用人单位不参加庭审，因为某些案件事实无法向用人单位核实，所以要完全依靠老曹提供的证据，这对老曹的证明责任有了更高的要求。本案中，老曹只带了店铺的照片和考勤卡（纸质打卡）、银行流水，但银行流水显示没有店铺的支付记录，因为工资是通过老板亲戚的账户发的。结果，在用人单位缺席的情况下，老曹还是输了。仲裁庭认为老曹提供的证据不能证明其与餐饮店存在劳动关系。

常见套路或误区：

很多劳动者以为，只要用人单位缺席仲裁庭审，自己就能轻松获胜。但实际上，仲裁庭会依据劳动者提供的证据作出裁决。如果劳动者陈述的事实与实际情况有出入，或者提供的证据不足或不符合事实，那么即使在用人单位缺席的情况下，劳动者仍然可能败诉。

应对建议：

即使用人单位缺席庭审，劳动者也应该确保提供的所有证据都是真实、完整且相关的，开庭时最好携带原件或者证据的原始载体（如提交电话录音，应携带原始录音的手机或其他设备），以供裁判人员核实。在整个仲裁过程中，劳动者应保持高度专注，不要因为对方的缺席而掉以轻心。

如果仲裁结果对自己不利，劳动者可以在规定的期限内诉至法院，并在法庭审理阶段补充相关证据。

4. 打完官司之后用人单位没钱了，劳动者怎么办？

案例

老曹在一家公司工作了5年，近期公司经营状况不佳，辞退了大部分员工。老曹想申请劳动仲裁，但又担心公司通过一审、二审程序拖时间，最终拿到生效判决得一两年后了，到时候公司是否有钱支付、公司是否存续都不好说。老曹在立案时询问了劳动

> 人事争议仲裁委员会，被告知可以申请财产保全，让法院查封、冻结、扣押公司财产，这样就可以确保公司财产不会在案件审理过程中被转移。

案例评析：

老曹的担心是有必要的，有的用人单位确实会故意拖延程序，甚至有在诉讼中决议解散、注销的情况，有的用人单位确实因为经营不善，等到裁判文书生效时已无财产可供执行。财产保全是一种有效的保障机制。《民事诉讼法》规定，人民法院对于可能因当事人一方的行为或者其他原因，使判决难以执行或者造成当事人其他损害的案件，根据对方当事人的申请，可以裁定对其财产进行保全、责令其作出一定行为或者禁止其作出一定行为；当事人没有提出申请的，人民法院在必要时也可以裁定采取保全措施。人民法院采取保全措施，可以责令申请人提供担保，申请人不提供担保的，裁定驳回申请。人民法院接受申请后，对情况紧急的，必须在48小时内作出裁定；裁定采取保全措施的，应当立即开始执行。在一审、二审法院审理阶段，当事人可向法院申请财产保全，法院立案庭或审判法官作出保全裁定后，转法院执行部门冻结公司账户或查封、扣押其他财产。在起诉前提起的财产保全为诉前财产保全，在立案时或审理中提交财产保全申请的为诉讼财产保全。

仲裁委员会自身无法处理保全申请，但可以代为接受、转交申请材料。《关于人民法院办理财产保全案件若干问题的规定》第3条规定，仲裁过程中，当事人申请财产保全的，应当通过仲裁机构向人民法院提交申请书及仲裁案件受理通知书等相关材料。人民法院裁定采取保全措施或者裁定驳回申请的，应当将裁定书送达当事人，并通知仲裁机构。因此，劳动者可以在仲裁阶段申请财产保全，为提高成功概率，可以向仲裁委员会说明存在进行财产保全的紧急情况，例如公司已有转移财产迹象等，须提交的材料以所在区县的仲裁委员会要求为准。

申请人申请财产保全需要向法院缴纳保全费，如不以自身财产作为担保，则还需要支付提供担保的费用。实践中申请人可向保险公司投保财产保全责任险，由保险公司出具保函和担保书，同时申请人则需要向保险公司支付保费。

申请人申请财产保全，应当向法院提供被申请人财产线索，如被申请人的银行账户信息、房产信息、车辆信息等，提供的财产线索应当完整准确。

《关于人民法院办理财产保全案件若干问题的规定》第11条规定，人民法院依照本规定第10条第2款作出保全裁定的，在该裁定执行过程中，申请保全人可以向已经建立网络执行查控系统的执行法院，书面申请通过该系统查询被保全人的财产。申请保全人提出查询申请的，执行法院可以利用网络执行查控系统，对裁定保全的财产或者保全数额范围内的财产进行查询，并采取相应的查封、扣押、冻结措施。实践中，申请财产保全的网络查控有一定难度。

财产保全措施有一定的期限，如冻结银行账户的期限通常是1年，法院一般会将采取的保全措施书面告知申请人，同时告知查封、冻结或扣押的期限。《关于人民法院办理财产保全案件若干问题的规定》第18条规定，申请保全人申请续行财产保全的，应当在保全期限届满7日前向人民法院提出。但实践中，法院可能会通知要求更长的期限，如要求在期限届满30日前提交续封（续冻）申请，如未按时提出，保全措施到期会解除，具体以法院的书面告知为准。

常见套路或误区：

打赢了官司并不意味着一定能拿到钱。许多劳动者认为只要赢了官司，自己的权益就能得到保障。但真实的情况是，有时劳动者即使赢了官司，仍可能因对方可供执行的财产不足或故意拖延而无法得到应有的赔偿。

应对建议：

关于是否有必要进行财产保全，可以从以下几个方面综合考虑：

（1）评估无法执行的可能性：劳动者如经过评估认为用人单位存在转移财产的可能或者将来可能无法执行，在可以承受保全费用的情况下，可以申请财产保全。财产保全不是诉讼的必备程序，需要劳动者自行申请启动。

（2）考虑成本：申请财产保全需要支付保全费，并向法院提供担保。

（3）案件标的大小：如案件标的大，则用人单位无财产执行的可能性就更大些，如财产标的很小，考虑到保全成本，可以不申请保全。

申请财产保全要提供真实准确的财产线索，劳动者在工作中可以适当留意用人单位银行账户信息、固定资产及车辆等动产信息。

实践中，许多地区的劳动人事争议仲裁委员会不受理保全申请，在沟通无果的情况下，申请人只能等到裁决作出后向法院申请财产保全。

5. 劳动者应在离职前还是离职后提起劳动仲裁？

> **案例**
>
> 老曹在一家知名企业已工作经3年。2023年年初，公司开始以效益不好为由，停发老曹的绩效工资，每月仅发放5 000元的基本工资，扣除五险一金后，老曹基本上拿不到多少钱。老曹想在职申请仲裁，要求公司补发工资，但对于告公司又有顾虑，怕自己在公司的境遇变得更差。他听朋友说这种情况下可以被迫解

> 除劳动合同，即以公司未足额支付劳动报酬为由通知公司解除劳动合同，然后再去申请仲裁并主张工资差额及解除劳动合同的经济补偿。

案例评析：

在老曹正常提供劳动的情况下，用人单位大幅度降低甚至不发放绩效工资，属于未足额支付工资。在双方劳动关系存续期间，发生工资、加班费、年终奖、提成等各类劳动争议的，劳动者可以在职申请劳动仲裁，只要不超过仲裁时效也可以选择离职后申请仲裁。要求用人单位支付未签订劳动合同的二倍工资差额等惩罚性赔偿金的，最好是在职期间提起，以免超过仲裁时效。

常见套路或误区：

并不是只有劳动关系解除后劳动者才能申请仲裁，在职期间发生争议的，同样可以提起劳动仲裁。

有些用人单位遇到在职劳动者提起仲裁，担心仲裁行为对其他人产生不好影响，会对提起仲裁的劳动者采取待岗、停职等措施，禁止该劳动者使用工作账户以防止其收集证据，有的甚至对劳动者进行审计和评估，千方百计找理由和借口辞退劳动者，进而引发新的劳动争议。

应对建议：

在职期间仲裁：如果提起仲裁有特定时效要求，劳动者短期内不打算离职的，可以在在职期间提起劳动仲裁。但在在职期间提起仲裁可能会导致劳动者与用人单位之间的矛盾更加激化，劳动者可能会受到来自用人单位的排挤、逼迫，甚至无法正常工作，最终可能会被辞退。在职提起仲裁的劳动者要有这方面的思想准备，而且在提起仲裁前就要收集和保全仲裁及诉讼需要的相关证据。

离职后仲裁：离职后 1 年内可针对特定事项提起劳动仲裁。例如，要求用人单位支付解除劳动合同的经济补偿或赔偿金、支付当年未休年假工资。

6. 庭审时劳动者如何质证？

> **案例**
>
> 老曹与用人单位发生劳动争议，因案件标的比较小，老曹决定自己申请劳动仲裁。在庭审中，用人单位提供了多份证据，其中有些并没有老曹的签字，有些老曹不太记得是否见过，而有些则是他签字确认的。面对这种情况，老曹如何质证才能最大限度地维护自己的权益？

案例评析：

如何在仲裁庭与法庭上有效地进行质证？在劳动争议的仲裁或诉讼中，证据的真实性、关联性和合法性是关键。劳动者面对不同的证据，要用不同的策略来应对，以确保自己的权益不受损害。

常见套路或误区：

认为所有没有本人签字的证据都是不真实的。
在看到证据原件前轻易承认其真实性。
忽视证据的关联性和合法性，只关注其真实性。

应对建议：

在劳动争议中，采用正确的质证策略是非常关键的，劳动者要仔细研究、掌握相关法律知识，并在庭审时加以应用。

当用人单位出示没有劳动者本人签字或本人未见过的证据时，

劳动者应明确表示:"该证据系用人单位单方面制作,没有本人签字,不认可其真实性。"

如果证据上没有本人签字但不太记得是否见过时,可以说"不认可其真实性",也可以说"不确定该证据是否真实,由仲裁庭(法庭)核实"。这样,既没有认可,也没有否认,自己没有说谎。

对于有劳动者本人签名的证据复印件,劳动者可以要求对方出示原件;如果对方没有原件,劳动者又不确定是否本人所签,可以表示"不认可其真实性"。若用人单位有原件,劳动者核对笔迹后认为非本人所签,可以申请笔迹鉴定,但需要申请方先支付鉴定费,如经鉴定确非本人签字,则鉴定费由该证据提供方承担。

除了质疑证据的真实性外,劳动者还可以指出"该证据与本案事实不相关"或"证据的来源不合法"。

对于真实的证据,如果仅是不认可对方想要证明的内容,可以这样回答:"认可该证据的真实性,但不认可其证明目的。"

7. 撰写仲裁申请书的常见问题有哪些?

> **案例**
>
> 老曹在某用人单位工作数年,由于与用人单位发生工资纠纷,决定申请劳动仲裁。他认真写了一份仲裁申请书,详尽列举了用人单位的所有违法事实和自己掌握的证据。但在庭审时,老曹发现用人单位了解他列举的所有事实和证据,并提供了详细的证据和答辩状,老曹感觉自己陷入了被动。

案例评析:

老曹在起草劳动仲裁申请书时,详细列出了自己掌握的所有事实和证据,这使得用人单位有足够的时间和信息来准备答辩和收集证据，从而使得老曹处于不利地位。劳动仲裁申请书的内容要简明扼要，在仲裁委员会立案时不要提供全部证据，不要在申请书中列明所有细节和证据。

常见套路或误区：

很多劳动者在撰写劳动仲裁申请书时有一个误区：把对自己有利的理由和证据全部写进去并且写得很详细。这样做可能对申请者不利。用人单位可能会根据申请书内容来进行反证并准备答辩状，从而使申请者在庭审时陷入被动。例如，劳动者以钉钉打卡记录为证，在开庭时很可能会遭遇到自己权限被禁的情况。

应对建议：

劳动者在仲裁申请书中不需要对证据进行列举，申请书简明扼要地写清楚双方劳动关系建立及履行的要点、发生的争议、自己仲裁请求的事实依据以及法律依据即可；在举证时则需要详细列举证据，在庭审陈述中可结合证据进一步陈述自己的理由。庭审结束后，劳动者应仔细核对笔录，确保自己陈述的要点被准确记录在庭审笔录中。

8. 仲裁审理中的十个必问问题及应对策略！

> **案例**
>
> 老曹在某公司已工作3年。2023年9月，公司内部调整，以客观情况发生重大变化导致劳动合同无法继续履行为由辞退了老曹。老曹不满意公司给予的补偿金额，决定向劳动仲裁部门申请仲裁，主张公司违法解除劳动合同，要求支付赔偿金差额。

案例评析：

这是典型的劳动仲裁案件，属于用人单位以客观情况发生重大变化为由单方解除劳动合同。仲裁员在开庭审理时通常会问一些基本问题，在开庭前对这些问题进行充分准备，有助于劳动者获得更好的庭审效果，甚至能影响仲裁结果。

常见套路或误区：

很多劳动者在劳动仲裁时并没有做好准备，因为未参加过庭审，不了解庭审程序，不清楚开庭前要准备什么材料、仲裁员会问什么问题，关键时刻无法提供准确信息，导致仲裁结果对自己不利。

应对建议：

庭审中仲裁员会问的十大问题：

（1）基本信息：如劳动者的姓名、性别、出生年月、家庭住址，公司名称、地址、法定代表人姓名、职务等。

（2）入职和离职时间，也会问最后提供劳动的日期。

（3）劳动合同相关情况：是否签订了劳动合同，以及具体的签订时间、合同期限。

（4）劳动者的工作岗位和工作内容。

（5）工资构成与发放时间、发放方式：仲裁员会询问工资的标准及构成、发放方式和时间，申请书涉及经济补偿或赔偿金的，仲裁员还会询问双方各自计算的前12个月平均工资的数额。

（6）工作时间和出勤情况：仲裁员会询问工作时间是标准工时还是综合工时。主张工资的，一般会调查请求期间的出勤情况；主张加班费的，会对加班时间和计算方法进行询问。

（7）劳动关系解除情况：仲裁员会了解劳动关系是否解除，解除的时间及原因。对于"你认可公司的解除理由吗"这类问题，如劳动者主张违法解除劳动合同的赔偿金,可回答"不认可解除理由,认为属于违法解除"。

(8) 各项请求的事实及法律依据:例如,关于未休年假工资,会询问劳动者每年法定年休假天数,甚至会问累计工作年限;关于加班费,会询问具体加班的日期和时间,加班的类型,加班费是如何计算的,公司是否有加班审批制度等。劳动者要围绕诉求的争议焦点进行准备。

(9) 询问具体证据情况:劳动者要确保所有的证据都被整理好,并清楚证明某个事实的证据在哪一页,仲裁员询问"有没有证据证明"时,要及时告知仲裁员翻看哪一页。

(10) 各项请求的计算方法:对于有关金钱的请求,劳动者在开庭前需要知道自己主张的金额是如何计算的。

建议提起劳动争议仲裁的劳动者在庭审前对上述十个问题做足准备,可以写一个书面提纲。

9. 如何在庭审中回答问题?

> **案例**
> 老曹与前公司的劳动争议案件被安排开庭,因请求标的较小,老曹没有聘请律师,自己参加庭审。由于缺乏经验,老曹在回答问题时十分紧张,他试图说出自己的观点,但感觉无法充分表达,好多话还没有说庭审就结束了。庭审后,老曹很懊恼,觉得自己的表现太差,担心会影响仲裁结果。

案例评析:

缺少法律知识或诉讼经验的劳动者,面对仲裁员或法官的提问可能会不知所措。他们在回答问题时可能会加入过多的主观判断,这可能会对自己不利。仲裁员或法官的庭审日程往往非常紧张，他们希望快速了解案件的争议焦点，不想花费大量时间听详尽的背景描述或者与案件无关的情况。他们不是不顾及当事人的感受，只是希望提高庭审效率。当事人对此应当理解和配合。毕竟，高效的庭审有助于案件及时裁判。

常见套路或误区：

在回答关于案件事实的问题时，劳动者会过多地加入"我认为"或"我以为"等用语。这可能会被认为是试图逃避问题。

对"你知道吗？"或"你见过吗？"这类问题，过于冗长的回答可能会导致接下来的问题更为复杂。

当感觉仲裁员或法官的提问存在倾向性或不利于自己时，劳动者往往不知道如何正确回应。

应对建议：

（1）明确争议焦点：在开庭前，劳动者要明确自己想传达的核心信息和争议焦点，比如"公司未进行必要的考核和培训就决定辞退"。

（2）避免赘述：针对仲裁员或法官关于案件事实的提问，应直接、简洁地回答。不要反复强调与核心争议点不相关的信息，如个人的努力程度或受到的不公平待遇。对于"知不知道"或"见没见过"之类的问题，简洁明了地回答即可，无须过多陈述，以免被仲裁员或法官多次打断。

（3）重复有利信息：在庭审中，对自己有利的关键信息，如"公司没有提供培训"或"没有进行调岗尝试"，可以适当地重复，确保仲裁员或法官已经了解到这一点。

（4）保持冷静：在庭审过程中，应保持冷静，避免过于情绪化，每一句话都应与争议焦点有关。在庭审时间充裕的情况下，简要陈述自己的困境也可是可以的。

庭审时仲裁员或法官常会说一些法律术语，当听不懂问题时，可以表明，裁判人员会进行释明。如不知道怎么回答，可以说"不清楚"。对于有些回避不了的关键问题，如果仲裁员或法官反复追问，应当如实回答。

总之，劳动者在庭审时应保持冷静，这样才能为自己争取到更大的回旋空间。

10. 庭审中应避免的三个常见误区。

> **案例**
>
> 老曹在一家外企上班，离职后因违反竞业限制协议，公司提起仲裁。老曹是第一次参加庭审。在仲裁庭上，仲裁员讲话时，老曹多次试图插话，甚至用"Excuse me"打断仲裁员的发言。他还与仲裁员多次争论，认为仲裁员必须听取他的观点，并多次试图纠正仲裁员的提问。庭审中老曹和仲裁员看起来像是对立的双方。

案例评析：

老曹在仲裁庭上的表现说明他不了解庭审规则。庭审时应使用汉语，外籍人员不会讲汉语的，要提前和仲裁庭说明，在开庭时可请人翻译。老曹多次打断仲裁员、与仲裁员进行不必要的争论，他可能以为庭审的重点是要说服仲裁员，但实际上，这可能会产生相反的效果。

常见套路或误区：

劳动者庭审时的不当表现主要有以下几方面：

职场人必读：劳动纠纷解决实务

（1）随意打断裁判人员：即使劳动者认为自己有理，也不要在裁判人员发言时插话，这显得不礼貌。应该在裁判人员发言完毕后再适时请求发言。

（2）与裁判人员"死磕"：劳动者表达自己的观点是应该的，但试图说服裁判人员是不明智的。过于激进的态度可能会对案件产生不利影响。

（3）为证而证：劳动者提供虚假证据是非常危险的，会受到罚款等处罚，所以庭审时应如实陈述。一旦被证明说谎，裁判人员可能对其失去信任。

应对建议：

尊重仲裁庭或法庭程序及裁判人员，按照规定发言。

在表达观点时，确保理性、冷静且具有事实依据。

要确保所提交证据的真实性和相关性。无关的证据严格来讲不算证据。

11. 如何在庭审中有效地进行最后陈述？

> **案例**　老曹与用人单位因劳动合同纠纷进行劳动争议仲裁。在审理过程中，双方各执己见，提交了不同的证据，表达了各自的观点。最后阶段，仲裁员询问双方是否还有需要补充的内容，让双方进行最后陈述。老曹不知道最后陈述阶段还可以讲哪些内容。

案例评析：

老曹虽然在庭审中表明了自己的主张，但在庭审的最后阶段，他仍然有机会对对方的观点进行反驳，并再次明确表达自己的核心观点。最后陈述不要过于冗长，但是必须突出关键信息，使裁判人员易于理解和接受。

常见套路或误区：

许多人可能认为最后陈述只是形式，有的劳动者因紧张而简单地回答"没有需要补充的内容"。实际上，利用好这一机会，进一步表达自己的诉求，有可能影响庭审的结果。

应对建议：

劳动者可以采用三段论的方式进行陈述。

第一段：反驳对方的核心观点。对于对方提出的关键论点或证据，给出自己的反驳理由。

第二段：准确表达自己的核心观点。再次明确自己的请求，确保无遗漏。

第三段：虽然通常为套话，但其重要性不容忽视。再次强调自己的诉求，希望裁判人员支持自己的诉求。

劳动者在最后陈述时要简明扼要、表达清晰。已经陈述的内容，可以不提或者一句话带过，重点陈述补充的理由和观点。

如果庭审后发现庭审陈述有遗漏或表达不清晰的地方，劳动者或用人单位可以及时补交一份书面的庭审意见。如果有律师代理，律师还可以在庭后提交律师代理意见。

结论：在劳动争议仲裁过程中，最后陈述很关键。双方当事人都应该利用这一机会，最大限度地维护自己的权益。

12. 开庭时对方胡言乱语，劳动者如何应对？

> **小案例**
> 老曹与用人单位发生了劳动争议并最终对簿公堂。在庭审中，用人单位无法提供确凿证据来证明其观点，但进行了一些不实的陈述。老曹非常生气，认为用人单位的代理人满嘴谎言。但是，老曹不知道如何有效地回应，结果暴怒回击导致庭审变成了吵架。

案例评析：

老曹可能对于庭审程序和庭审中的策略不太了解。对于用人单位在没有证据情况下的胡言乱语，劳动者当然可以进行反驳，提出自己的观点并陈述事实，这不仅可以为自己争取到权益，还能让裁判人员更快地了解事实真相。但劳动者进行反驳时要注意方式方法，不能过于情绪化。

常见套路或误区：

很多劳动者认为，参加庭审的人员有如实陈述的义务，对于一些基本事实，用人单位不会不承认。这种想法过于乐观，容易导致自己一方的证据准备不充分、不完整。劳动者在庭审时遇到对方隐瞒真实情况、虚假陈述时，往往会很气愤而影响庭审效果。要记住，打官司不能指望对方自认，还是要靠自己充分举证，用证据来戳穿对方的谎言。

应对建议：

劳动者在反驳时，情绪不要过于激动，要做到有理有据，让裁判人员明白对方在毫无根据地胡说即可。以下三个技巧有助于劳动者对用人单位的不实陈述进行有效反驳。

（1）要求对方出示证据。当用人单位没有证据做不实陈述时，劳动者可以要求其出示相关证据。劳动者可以说："请用人单位出示相关证据，如果没有，我认为这只是主观臆测。"

（2）陈述自己的证据。如对方一味地否认某一事实，劳动者可以明确指出自己所提供的证据的真实性。例如，劳动者可以这样说："我所说的内容有证据支持，用人单位所述不实。事实是……，详见我方证据第 ×× 页。"

（3）指出对方言论的矛盾之处。当发现用人单位的陈述存在矛盾时，应当明确指出，并要求其解释。例如，劳动者可以这样说："用人单位的陈述前后存在矛盾，之前其提到……，与现在的描述存在冲突，应当说明原因，否则应认为其陈述不实。"

13. 如何利用"一裁终局"规则高效追讨欠薪？

> **案例**
>
> 老曹在北京一家公司已工作 10 年。从 2021 年 4 月开始，公司不再发放每月的绩效工资，第二季度欠薪 2 万元，第三季度欠薪 2 万元。老曹还有房贷要还，无奈之下想要追讨这笔欠薪，但怕公司利用各种手段拖时间，最后公司要是没钱了，自己什么都拿不到。老曹想以公司欠薪为由被迫解除劳动合同，拿经济补偿，但又怕不妥，因为劳动合同上只写了基本工资为 5 000 元，并没有写绩效工资。老曹听朋友说可以利用"一裁终局"规则来追讨欠薪，但不知如何操作。

案例评析：

劳动争议的审理程序通常是"一裁两审"，有些用人单位常会采取拖延战术，仲裁裁决后会接着向法院提起一审、二审，使劳动者陷入漫长的法律战。即使是明知自己会输的案件，有的用人单位也会将程序用尽，以拖延支付时间或者逼迫劳动者放弃部分诉求。在标的额不大的情况下，劳动者可以利用"一裁终局"规则。"一裁终局"是指除法律另有规定外，符合法定条件的仲裁裁决为终局裁决，裁决书自作出之日起发生法律效力。

下列劳动争议仲裁裁决为终局裁决。

第一，追索劳动报酬、工伤医疗费、经济补偿或者赔偿金，不超过当地月最低工资标准12个月金额的争议。这类小额案件比较常见。以北京市为例，2023年9月1日起最低工资调整为每月不低于2 420元，也即适用"一裁终局"的争议标的额应低于29 040元。需要注意各地最低工资标准不同，且各地人社局每年可能会对最低工资标准进行调整，一般应以裁决作出时的最低工资标准为准。劳动者追索的劳动报酬通常包括工资、奖金、加班费等；工伤医疗费是指工伤职工治疗工伤或职业病所需的住院费、医疗费、就医路费、住院伙食补助费等；经济补偿一般包括竞业限制补偿金、《劳动合同法》规定的用人单位因解除劳动合同应支付的经济补偿金，未提前30日通知解除劳动合同的"代通知金"（用人单位依据《劳动合同法》第40条规定的解除情形解除劳动合同时，如未提前30日通知劳动者的，应额外支付相应的工资作为代替通知的时间的一种补偿）；赔偿金一般包括用人单位违法解除劳动合同的赔偿金、违法试用的赔偿金、劳动行政部门要求限期支付但用人单位未支付而应加付的"应付金额50%—100%"的赔偿金、未签劳动合同的二倍工资差额。

如果劳动者的请求包含数项，且仲裁裁决也涉及数项请求，终局裁决的认定是以每一项请求不超过当地月最低工资标准12个月金额为准，还是以仲裁裁决涉及的数项请求之和为准？最高人民法院《关于审理劳动争议案件适用法律问题的解释（一）》第19条规定，如果仲裁裁决涉及数项，每项确定的数额均不超过当地月最低工资标准 12 个月金额的，应当按照终局裁决处理。也就是说，仲裁裁决涉及劳动报酬、工伤医疗费、经济补偿或赔偿金等，虽然几个仲裁事项的争议金额之和超过当地月最低工资标准 12 个月金额，但每项确定的金额均未超过该标准，仍应适用"一裁终局"规则。

第二，因执行国家的劳动标准在工作时间、休息休假、社会保险等方面发生的争议。这类标准明确的案件，一般不涉及具体金额。

仲裁裁决中一般会写明裁决是否属于终局裁决，并会告知双方当事人如不服裁决如何处理。"一裁终局"案件，劳动者可以自收到仲裁裁决书之日起 15 日内向人民法院提起诉讼。用人单位可以自收到仲裁裁决书之日起 30 日内向劳动人事争议仲裁委员会所在地的中级人民法院申请撤销裁决，但申请撤销裁决须有证据证明裁决存在下列情形：（1）适用法律、法规确有错误；（2）劳动人事争议仲裁委员会无管辖权；（3）违反法定程序；（4）裁决所依据的证据是伪造的；（5）对方当事人隐瞒了足以影响公正裁决的证据；（6）仲裁员在仲裁该案时有索贿受贿、徇私舞弊、枉法裁决行为。

本案中，公司拖欠老曹的绩效工资共计 4 万元，如老曹直接申请要求"用人单位支付自 2021 年 4 月 1 日至 2021 年 9 月 31 日的工资差额 4 万元"，仲裁裁决支持了老曹的仲裁请求。该案不属于一裁终局案件，用人单位可以通过起诉来拖延程序，并有机会推翻仲裁裁决。即使仲裁裁决认定用人单位未足额支付工资，由于仲裁裁决仍未生效，一审可能会改变裁决结果，老曹被迫解除劳动合同仍有无法获得经济补偿的风险。如老曹先要求支付第一季度的工资差额 2 万元，则该案属于一裁终局案件，用人单位无法起诉。裁决一经生效，老曹就符合被迫解除劳动合同的情形，且用人单位拖欠工资的事实已经被生效裁决认定，老曹只要在用人单位补发工资前，以此为由通知解除劳动合同，就基本上能够实现目的。

常见套路或误区：

很多劳动者虽然听说过"一裁终局"规则，但对其具体的适用条件及操作方式并不清楚，以为只要进入仲裁程序就可以适用"一裁终局"规则。实际上适用这一规则是有限制条件的。

对于"一裁终局"的案件，裁决作出后用人单位不得向人民法院起诉。劳动者不受该规则的限制，劳动者不服裁决的，可以向法院起诉。用人单位对"一裁终局"案件的裁决不服的，只能向劳动人事争议仲裁委员会所在地的中级人民法院申请撤销裁决。

认为用人单位申请撤销"一裁终局"裁决，不影响劳动者申请执行裁决的想法是错误的。如果劳动者向仲裁委员会申请强制执行，用人单位向劳动人事争议仲裁委员会所在地的中级人民法院申请撤销裁决，法院应当裁定中止执行。只有当用人单位撤回撤销终局裁决申请或者其申请被驳回，人民法院才会裁定恢复执行。

应对建议：

劳动者要了解"一裁终局"规则的适用条件和操作方法，使自己的请求金额符合规定，避免无谓的法律纠纷。在仲裁阶段，可以通过优化请求，使案件尽快审结，避免进入法院诉讼程序。

第十六章　证据为王

"打官司就是打证据",相信很多人听过这句话。在仲裁和诉讼中,证据是连接客观事实和法律事实的桥梁。除了双方自认的事实,其他都要靠证据来说话。

1. 如何用证据为自己"说话"？

> **案例**
>
> 老曹从上家公司离职后，很长一段时间都没有找到合适的工作。几经波折，北京市西城区一家电脑销售公司的老板通过微信表达了想录用他的意思。这家公司规模比较小，所以老曹有些顾虑，怕这份工作不长久，但也不能一直不上班，于是老曹决定先到这家公司工作。公司老板发微信告诉老曹可以每个月给他8 000元的工资，试用期为3个月，转正后会为他缴纳社保，如果公司效益好，年底还会发奖金，并且告知了老曹到岗时间。老曹按时到该公司报到，之后主要负责一些行政工作。公司只有5名员工，其中有3人是老板的亲戚，用工管理很不规范。老曹入职后，公司一直没有跟老曹签劳动合同。3个月试用期满后，老曹忍不住在微信上问老板，什么时候给签劳动合同，老板回复说让老曹自己先在网上找个模板。老曹把从网上下载的劳动合同模板发给老板后，老板说出差回来再看，之后就不了了之了。公司效益始终不太好，也一直没有给老曹缴纳社保。2022年5月，老曹因疫情居家办公半个月，6月份发工资时，老曹发现少发了。经询问，老板说没来办公室上班就不发工资，老曹对此并不认可，认为自己居家办公，应该全额发工资。此时老曹在该公司工作已快满1年，他认为自己继续待下去也不会有什么发展，而且公司管理太不规范了，基本权益都无法得到保障，于是通过EMS向公司邮寄了《被迫解除劳动关系通知书》，随后就提起了劳动仲裁，主张2022年5月份的工资差额、未签劳动合同的二倍工资差额及被迫解除劳动合同的经济补偿。

案例评析：

本案中，用人单位的做法明显有问题，侵害了劳动者的权益。老曹申请劳动仲裁，主张工资差额、未签书面劳动合同的二倍工资差额、被迫解除劳动合同的经济补偿，需要针对自己的主张向法庭提供相关证据。

《劳动争议调解仲裁法》第 6 条规定，发生劳动争议，当事人对自己提出的主张，有责任提供证据。与争议事项有关的证据属于用人单位掌握管理的，用人单位应当提供；用人单位不提供的，应当承担不利后果。该条规定的是劳动争议案件的举证责任划分，即"谁主张，谁举证""谁保管，谁提供"。最高人民法院《关于审理劳动争议案件适用法律问题的解释（一）》第 42 条规定，劳动者主张加班费的，应当就加班事实的存在承担举证责任。但劳动者有证据证明用人单位掌握加班事实存在的证据，用人单位不提供的，由用人单位承担不利后果。该解释第 44 条规定，因用人单位作出的开除、除名、辞退、解除劳动合同、减少劳动报酬、计算劳动者工作年限等决定而发生的劳动争议，用人单位负举证责任。

劳动争议案件，无论具体请求是什么，通常需要查明的第一个事实就是双方是否存在劳动关系，劳动合同是证明劳动关系的最直接证据。

如果没有签订书面劳动合同，依据劳动和社会保障部《关于确立劳动关系有关事项的通知》第 2 条的规定，认定双方存在劳动关系时可参照下列凭证：（1）工资支付凭证或记录（职工工资发放花名册）、缴纳各项社会保险费的记录；（2）用人单位向劳动者发放的"工作证""服务证"等能够证明身份的证件；（3）劳动者填写的用人单位招工招聘"登记表""报名表"等招用记录；（4）考勤记录；（5）其他劳动者的证言等。实践中，凡是可以证明双方存在劳动关系的材料、记录都可以作为证据，如录用通知书、社保个人权益记录、公积金缴纳记录、个税纳税信息等,银行流水中交易对手账户显示的用人单位名称、流水摘要显示的工资或者没有备注但显示规律性地每月固定转账的,也可以认定该单位向劳动者发放工资,进而认定双方存在劳动关系。工服、门卡上有企业名称的也可以用来证明双方存在劳动关系。虽然该通知中还规定"其中(1)(3)(4)项证据由用人单位负举证责任",但实际上不能指望用人单位提供——单位在出庭时如否认存在劳动关系,就不会提供任何相关证据。

本案中,老曹需要证明的事实有:(1)与公司存在劳动关系(含入职时间);(2)工资标准与工资构成;(3)公司未给自己缴纳社保的事实;(4)公司未足额发放2022年5月份工资及欠发金额;(5)双方劳动关系的解除时间和解除原因。

为证明上述事实,老曹提交了下列证据:(1)与公司老板的微信聊天记录截图,其中不但可以证明存在劳动关系、入职时间,还能明确工资标准为8 000元。(2)老曹社保个人权益记录,其中可以看到老曹在该公司工作期间,社保一直是断缴的状态。(3)银行流水,其中每月由公司账户向老曹发放的工资,可以证明双方存在劳动关系,也可以证明工资标准及2022年5月份工资发放的金额,进而证明老曹被欠发工资。(4)《被迫解除劳动关系通知书》,可以证明解除劳动合同的时间和理由。(5)通过EMS向公司邮寄的《被迫解除劳动关系通知书》的视频录像及回执、快递单号查询记录截图,可以证明《劳动关系解除通知书》已经送达对方。

公司也提交了老曹向老板发送的劳动合同模板的一张微信聊天记录截图,意图证明签订劳动合同是老曹的职责,但在庭审中,老曹指出对方提交的聊天记录不完整,并出示了完整的聊天记录,从聊天记录的前后内容看,无法得出老曹负责签订劳动合同的结论。

公司由代理人出庭,质证时代理人表示不认可微信聊天记录的真实性。老曹当庭出示了该证据的原始载体，即手机中的微信聊天记录。对方代理人仍不认可，认为无法证明对话人员的身份，否认该微信账号系公司法定代表人所有。老曹向仲裁庭提供了法定代表人的手机号，通过微信添加该手机号，搜索出的就是老曹微信聊天记录中的对方账号，并且，老曹在支付宝转账中搜索该手机号，显示出经验证的实名信息与公司法定代表人姓名相同。老曹的这一番操作，让对方代理人再无话可说。仲裁委员会最终支持了老曹的全部仲裁请求。

常见套路或误区：

有些劳动者认为在庭审中把事实陈述一下就可以了，不需要提供证据来证明。这是错误的认识。裁判人员并不是案件当事人，并不了解事情发生的前因后果，只能通过双方提供的证据和当庭陈述来了解事实，如劳动者对自己的主张不积极举证，在对方不认可的情况下，则可能导致裁判人员无法相信劳动者的说法。

有的劳动者认为用人单位对任何事实都有证明责任，常遇到劳动者说"他说不是，他来证明啊"。其实证明责任应在双方当事人之间进行分配，证明责任在劳动者一方时，如果劳动者没有提供证据，对方也不承认时，裁判人员是难以采信劳动者的主张的。

应对建议：

无论是用人单位还是劳动者，都要有证据意识，了解举证和质证的技巧。当事人向仲裁庭或法庭提交的证据材料必须是真实的，不能提供虚假的证据，如伪造证据则需要承担相应的法律责任。

当事人在开庭时要携带微信聊天记录、录音等电子证据的原始载体，适时向仲裁庭、审判庭出示，并要求将"已核实原始载体"记录在笔录中，便于裁判人员在庭审后写判决或裁定时用于认定。

当事人应提交完整的证据。以微信、钉钉等聊天记录为例，提交聊天记录截图时，应当将对话双方的信息页一并截图提交，便于确认双方当事人身份；同时还要考虑如果对方不认可对话方的身份，该如何去证明，如可以再提交公司的通讯录等。

2. 有的证据为什么不被采信？

> 老曹在一家互联网公司工作多年，公司长期要求加班，但对工作日的延时加班并不支付加班费。老曹离职后，提起仲裁主张加班费，并为证明加班的事实提交了在职期间钉钉打卡的截图、企业微信的聊天记录截图来证明是部门领导安排的工作任务。仲裁开庭时，公司的代理人不认可这些截图的真实性。老曹已经离职，钉钉里已经看不到考勤打卡的记录，企业微信的聊天记录也没有了。代理人还提交了《考勤管理制度》来证明按照公司规定，加班需要在系统内提交审批，老曹所主张的加班均未经审批，即使存在延时工作，也不能认定为加班。最终仲裁委员会认定老曹没有提供充分的证据证明存在加班的事实，驳回了老曹的请求。

案例评析：

劳动者主张加班的，需要提供证据证明存在加班的事实。本案中，老曹虽然在职期间有一定的证据意识，对钉钉打卡记录进行了截图保存，但在对方不认可的情况下，老曹无法登录钉钉账号向仲裁庭出示原始证据。企业微信的聊天记录截图也是如此。

依据《民事诉讼法》第66条的规定，证据包括：（1）当事人的陈述；（2）书证；（3）物证；（4）视听资料；（5）电子数据；（6）证人证言；（7）鉴定意见；（8）勘验笔录。该条还规定"证据必须查证属实，才能作为认定事实的根据"。最高人民法院《关于民事诉讼证据的若干规定》第11条规定，当事人向人民法院提供证据，应当提供原件或者原物。如需自己保存证据原件、原物或者提供原件、原物确有困难的，可以提供经人民法院核对无异的复制件或者复制品。老曹提供的钉钉打卡记录及企业微信聊天记录的截图属于电子数据。电子数据包括下列信息、电子文件：（1）网页、博客、微博客等网络平台发布的信息；（2）手机短信、电子邮件、即时通信、通讯群组等网络应用服务的通信信息；（3）用户注册信息、身份认证信息、电子交易记录、通信记录、登录日志等信息；（4）文档、图片、音频、视频、数字证书、计算机程序等电子文件；（5）其他以数字化形式存储、处理、传输的能够证明案件事实的信息。提交录音证据的，需要将录音刻盘提交，同时将录音转为文字并打印，视频证据也需要刻盘提交，同时将能证明案件事实的内容截图打印，视频中有对话声音的，建议同时提供文字版。

最高人民法院《关于民事诉讼证据的若干规定》第15条规定，当事人以视听资料作为证据的，应当提供存储该视听资料的原始载体。当事人以电子数据作为证据的，应当提供原件。电子数据的制作者制作的与原件一致的副本，或者直接来源于电子数据的打印件或其他可以显示、识别的输出介质，视为电子数据的原件。那么本案中，老曹提供的截图能否认为是原件呢？老曹认为他把相关信息截图后就直接保存在手机相册中，可以向仲裁庭出示手机相册中截图形成的时间，相册中的截图就是原件。但问题在于老曹无法证明截图"与原件一致"或者"直接来源于电子数据"，也无法"显示、识别输出介质"，因此无法被"视为"原件。

劳动者在职时，要对企业邮箱、企业微信、人事系统账户、钉钉等办公软件中的电子证据及时进行保全，到公证处办理公证是效力最高的证据保全方式。携带手机、电脑等载体到公证处,在公证员的监督下,登录账户,查看相关信息并截图,公证处会制作公证书。公证书有很高的证据效力,在没有相反证据的情况下,即使对方不认可,仍然会被采信作为认定案件事实的依据。如认为公证的费用较高,也可以采取时间戳、区块链录屏等成本低的方式。可信时间戳是由联合信任时间戳服务中心签发的一个电子凭证,用于证明电子数据文件自申请可信时间戳后内容保持完整、未被更改。一份完整的时间戳证据包含三个文件:一是证据文件,如录屏或录像、录音;二是时间戳证书,记载时间戳的形成时间和地点;三是 tsa 文件,无法打开,该文件是用于验证的,在提交证据时不能遗漏。如对方对时间戳保全的证据不认可,可以通过将上述证据文件和 tsa 文件上传到联合信任网站来验证证据的真实性和完整性。

本案中,如果老曹在职期间就对钉钉打卡记录和企业微信聊天记录进行了公证保全或者做了时间戳录屏,则其主张的出勤时间是可以被认可的。

常见套路或误区:

很多劳动者没有打过官司,没有相关经验,常忽视证据的原件或原始载体的重要性,仅提供复印件、照片或者截图作为证据。在对方不认可上述证据的时候,劳动者感觉很无奈。实际上,对没有原件或者原始载体的证据不予认可是一种庭审质证的技巧。

应对建议:

一份证据拿到仲裁庭或法庭上,裁判人员首先要审查证据的真实性。不要给对方不认可该证据的机会,在对方不认可证据真实性的情况下,可提供原件或原始载体来让裁判人员认可证据是真实的,让其形成内心确信。证据还要有关联性和合法性,与案件无关的证据材料不能作为认定事实的依据。形式符合要求但来源不合法的证据，不能用来认定案件事实，如采取偷录、偷拍等侵犯他人隐私权的方式取得的证据就不具有合法性。

3. 如何有效收集和提交录音证据？

> **案例**　老曹在一家演出公司任商务经理，月工资标准为8 500元。2021年5月12日，公司董事长在微信群中通知从这个月开始，工资按50%发放，让大家在群里接龙同意。老曹在群里回复说只发一半工资实在不够房租，董事长对老曹在群里公然顶撞比较恼火，直接给老曹打电话，说他不理解公司难处，不能跟公司共患难，还说不能接受降薪的话，明天就不要来上班了。老曹表示不能接受降薪，董事长说让他赶紧滚出公司，他这样的人离开公司也不会有什么发展前途，然后就气愤地挂断了电话。老曹认为董事长这样说就是辞退了自己，第二天没去上班，直接去仲裁委员会，要提起仲裁。听说申请仲裁主张违法辞退要有公司盖章的解除劳动合同通知书，老曹想到昨天董事长只是口头让自己别去上班了，但还没给书面的通知，自己也没有证据证明被公司辞退了。于是，老曹回到单位，找董事长和HR索要解除劳动合同通知书，董事长把他赶出了办公室，并告诉HR不能给他。HR跟老曹说想要劳动合同解除通知书就得先填辞职申请。于是老曹在进公司办公区时偷偷打开了手机录音，老曹还发现之前董事长电话里说辞退他时，由于他的手机设置了来电自动录音，通话也被录了下来。之后老曹提起仲裁，主张公司违法解除劳动合同，要求公司支付赔偿金。

案例评析：

本案中，老曹遭遇了"口头辞退"。公司口头说要辞退员工，但并不出具解除劳动合同通知书，劳动者遇到这种情况往往面临两难的境地：申请仲裁的话，可能没有足够的证据证明公司辞退了自己；不继续上班的话，有可能被公司说成是旷工，想继续上班，很可能连办公室都进不了。

老曹提交工作群微信聊天记录截图来证明公司解除劳动合同的原因是自己未同意降薪，还提交了两段录音，用来证明公司违法辞退。第一段录音是与董事长的电话录音，另一段录音是老曹第二天到公司索要书面解除通知时的现场录音，录音里有董事长及 HR 的发言。老曹将两段录音复制出来后刻好光盘，连同录音的文字记录打印件一并交给了仲裁庭。开庭当日，用人单位说双方劳动关系仍未解除，公司从未通知老曹解除劳动合同，甚至还向老曹发出过返岗通知，至开庭日老曹的社保还一直正常缴纳，因此老曹的主张没有事实依据。公司不认可两段录音的真实性，称录音属于电子证据，未经公证，存在剪辑、篡改的可能性，而且第二段现场录音中的人员身份无法确认，即便确实是在办公室录的，也是偷录，证据来源不合法。

对此，老曹向仲裁庭出示了手机中原始的录音文件，自动生成的文件名中的地点就是办公室的地址，通话录音的手机号就是董事长的手机号，该号码与工作群中董事长微信号绑定的手机号一致。仲裁庭向用人单位询问是否要对录音进行鉴定，用人单位表示不鉴定。裁决书认为老曹向仲裁庭出示了录音的原始载体，录音虽是私自录制，但无论是电话录音还是在办公室的现场录音，录音过程中并未侵害他人合法权益，亦未违反社会公共利益和社会公德，其取证方式不违反法律的禁止性规定，该证据可以采信。在老曹的录音证据中，公司董事长称"明天不要来上班了"系解除劳动关系的意思表示，且老曹第二日去办公室后也被要求离开办公场所，可以认定双方劳动关系于 2021 年 5 月 12 日解除。公司变更劳动合同，降低员工工资应当与员工协商一致，在协商降薪遭到拒绝的情况下，直接将员工辞退，应认定为违法解除劳动合同，依法应向老曹支付赔偿金。

常见套路或误区：

有些用人单位辞退劳动者时，担心劳动者持解除劳动合同通知书去申请仲裁，所以不给劳动者发解除劳动合同通知书，给劳动者维权设置障碍。即使劳动者去申请仲裁，只要用人单位不承认解除劳动合同，劳动者又没有证据证明用人单位解除劳动合同，仲裁委员会大概率会裁决双方劳动关系仍未解除，并以此驳回劳动者的仲裁申请。在这种情况下，劳动者大多不会再回用人单位上班，事情不了了之，用人单位也可能以旷工为由辞退劳动者。有的用人单位用这种方式给劳动者设套，口头告知劳动者不要来上班，在劳动者认为自己被辞退而未到岗时，用人单位再以旷工为由发解除劳动合同通知书。由于第一次只是口头通知，劳动者可能没有证据证明是用人单位先辞退的自己，从而无法证明自己没有旷工。

有的劳动者认为偷录不合法，在录音前应当告知对方或征得对方同意，但这样做可能会让录音的目的落空。知道劳动者在录音时，对方说话会格外小心，甚至会说一些对劳动者不利的话，导致录音难以作为证据使用。

有的劳动者虽然意识到录音可以作为证据，但可能会把录音从手机或录音笔等设备中剪切到电脑中保存，如未保留原始录音，那么这种非原始录音无法被裁判人员采信。

应对建议：

在收集录音证据时，建议注意下面几点。

（1）除非是在对方的隐私场所，录音、录像可能会侵犯他人隐私，否则不必告知对方或征得对方同意。可以在办公室录音，但要确保不侵犯其他人的隐私。秘密地在领导办公室放置录音设备，这种行为会被认为是窃听，是违法的。

（2）不建议使用偷拍、偷录设备。使用手机、正常的录音笔等设备录音都是可以的，但不要使用偷拍、偷录的专用设备。

（3）妥善保管录音的原始载体，任何复制的录音文件都不是原始文件。

（4）通常应当提交完整、未裁剪或编辑的录音，否则会被质疑其真实性和完整性，与原始文件不一致的录音的可信度会降低。

（5）在刻盘提交录音文件的同时，将录音文字打印后一并提交，录音文字在一开始应先列明录音时间、对话人姓名、电话号码等基本信息，现场录音还可以列明录音地点。

（6）录音证据可能会因无法确定对话参与人而难以达到证明目的，现场录音通常因为这一原因而不被采信。因此，尽量不要把录音作为唯一证据，最好有其他辅助证据。

（7）对录音证据可以采取电子证据保全的方式进行取证，以证明录音文件是真实、完整的，如通过时间戳软件来录音。

面对口头辞退、口头解雇，劳动者首先不要轻易接受，更不要立即不上班，可尝试取得书面的解除通知，且在沟通过程中要进行录音并确保录音内容清晰、完整。劳动者可以问用人单位辞退自己的原因是什么。如单位一直回避"辞退"的说法，可以问以下三个问题：单位安排我工作到哪一天？我的工资和社保将结算到哪一天？单位安排我什么时间做工作交接？这些问题有助于综合认定用人单位是否辞退了劳动者。

这里顺带说一下，不建议用人单位选择口头辞退的方式，因为一旦劳动者有证据证明被辞退，证明辞退合法性的责任就要由用人单位承担。此外，有的劳动者拿不到书面解除通知书就不走，每天到单位拍照打卡。双方拉锯时间过长，会对在职员工产生不好的影响。如被认定劳动合同未解除，用人单位还需要负担工资、社保等成本。不出具解除劳动关系的书面通知有两面性：劳动者无法证明劳动关系已解除，用人单位也无法证明劳动关系已经解除。因此，口头辞退对劳动者和用人单位来说都是有风险的。

4. 如何看待"证人证言"？

> **小案例**
>
> 老曹2019年4月20日与某保安服务公司签订劳动合同，担任公交乘务管理员。2021年6月16日双方劳动关系解除，老曹申请仲裁要求公司支付2019年4月20日至2021年6月15日期间的加班费。仲裁委员会驳回了老曹的请求。老曹不服向法院起诉，为证明其主张，老曹在一审中提供了下列证据：(1) 公交圈数记录，公司表示该表系老曹自行制作，不认可其真实性。(2) 考勤记录照片若干，老曹主张原件保存在公司，公司不认可该证据的真实性。(3) 排班表若干，来源于微信群，经庭审出示原始载体，公司认可该证据的真实性，但表示排班表为计划工时，与实际工时不符。(4) 证人证言。证人付某、孙某出庭作证，二人表示与老曹均为公交乘务管理员，付某表示其与老曹没有假日，其在376路公交车，上午跑5圈，下午跑5圈，一天工作16小时，节假日没有休息，没有加班费；孙某表示其与老曹按圈挣钱，每圈18元，每天8圈，上午跑4圈，下午跑4圈，每天工作16个小时。公

> 不认可证人证言的真实性。公司就其主张的综合工时制提交了审批表，显示 2018 年 10 月 26 日行政部门同意对该公司申报综合计算工时制的岗位或工种实行以年为计算周期的综合计算工时工作制，有效期为 3 年，自行政许可之日起生效。老曹认可审批表的真实性，但表示其全年无休，实际工作时间亦超出该工时制的工作时间。

案例评析：

本案中，老曹提供的考勤记录系照片（非原件），不具有相应的证明力，实际路况及圈数多少会造成其工作时间长短不定，排班计划无法反映其每日的实际工作时长，证人证言亦无相应的证明力，老曹应自行承担相应法律后果。

证人证言一般作为辅助性证据使用，提供证人证言作为证据要注意以下几点。

（1）当事人对其主张的事实仅提供证人证言而无其他证据佐证的，通常不能据此认定案件事实。这是因为证人证言属于言词证据，有易变的特点，证人事后的描述，存在根据利害关系重新取舍的可能。

（2）原则上，证人应该出庭作证，接受裁判机构及双方当事人的询问。无正当理由不出庭的证人提供的书面证言，不能作为认定案件事实的根据。证人确有困难不能出庭作证，申请以书面证言、视听传输技术或者视听资料等方式作证的，应当向裁判机构提交申请书并说明不能出庭的具体原因。

（3）申请证人出庭作证的，应当在举证期限届满前向裁判机构提交申请书。申请书应当载明证人的姓名、职业、住所、联系方式，作证的主要内容，作证内容与待证事实的关联性，以及证人出庭作证的必要性，通常还要提交一份证人的身份证复印件。

（4）证人应当客观陈述其亲身感知的事实，作证时不得使用猜测性、推断性或者评论性语言。证人作证前不得旁听，作证时不得以宣读事先准备的书面材料的方式陈述证言。证人故意虚假陈述的，会被处罚。

（5）不得干扰证人作证。尤其是申请证人出庭的一方，不能在证人陈述时出言引导或制止，否则会被裁判机构制止甚至被处罚，证人证言的可信度也会降低。

（6）证人与当事人具有利害关系的，所作的有利于该当事人的证言，通常会影响证据的采信。

（7）证人出庭作证，可以向裁判机构申请费用，该费用由申请人预交，最后由裁判机构判决由哪一方来承担。

常见套路或误区：

有的劳动者认为以证人证言作为证据，仅提交一份证人签字的文字材料就可以了，不知晓证人应当出庭作证的规则。

事先写好"证人证言"，证人照着念或背，在有多名证人作证的情况下，所作陈述高度一致，并不是大家说得一模一样就更可信，这只会削弱证言的可信度。

有的劳动者认为证人出庭肯定对自己有利。但证人出庭的表现是不可控的，没有出庭经验的证人会因为紧张，陈述时缺乏逻辑。对方当事人有权要求询问证人，证人可能会陈述一些不利于劳动者的事实。如证人所述并非事实，那么证人在被反复询问时很容易出现前后互相矛盾的情况。一旦证人被证明在一个问题上撒谎，则该证人的其他陈述也会变得不可信。

应对建议：

证人证言的证明力通常比较弱，还容易出现证人的陈述对己方不利的情况。用人单位申请本单位在职员工作为证人出庭的，通常会被认为存在利害关系，这种情况下证人证言难以被采信。

证人出庭作证时，仲裁员或法官通常会要求其先陈述要证明的事实，之后对证人进行询问。向证人发问有一定的技巧。在证人陈述时，对方当事人及代理人要认真听，并寻找其中可能存在的漏洞，在仲裁员或法官允许发问时，可以直奔主题，也可以旁敲侧击地问一些细节问题，从证人的回答中寻找不合理或者矛盾之处，进而指出来，让仲裁员或法官注意到证人证言中的问题，从而降低证言的可信度。

可以从以下方面对证人证言进行质证。

（1）证人未出庭接受法庭询问，书面的证人证言不能作为认定案件事实的依据。

（2）证人的年龄、认知、记忆和表达能力、生理和精神状况是否影响作证。

（3）证人所述的不是其亲身经历的，是听说或者转述的，属于传来证据，不具备证据能力。

（4）证人与对方具有利害关系。

（5）证人的陈述是在背诵事先准备好的材料。

（6）多个证人的陈述完全一致或高度雷同。

（7）证人证言前后矛盾。

5. 如何组织和筛选证据？

> **小案例**　老曹在一家国企的下属子公司上班，负责商场的安保工作。2023年初，公司经理找老曹谈话，说公司连续3年亏损，上级单位要对公司进行裁员，商场会转由另一家子公司管理，老曹这样工龄10年以上的老员工可以选择转到新公司。新公司没有保安员

岗位，但可以把老曹安置到其他岗位——工资肯定得降低，参照外包人员的工资发，每月只有3 000多元。经理问老曹是否愿意转到新公司，老曹表示无法接受那么低的工资，认为公司大规模裁员要报人社局。过了两天，公司经理拿着协商解除劳动合同协议和解除通知书再次找老曹谈话，劝他签解除劳动合同协议，遭老曹拒绝，于是经理就向老曹下发了解除劳动合同通知书。通知书中记载，公司连续亏损，上级单位决定将公司业务并入其他公司，公司与老曹的劳动合同无法继续履行，经多次协商，双方就变更未达成一致，双方劳动关系于30日后解除。因为早就听说公司会大规模裁员，老曹在经理两次找他谈话时都用手机录了音。老曹认为公司裁减人员超过10%，但并没有将裁减人员方案向劳动行政部门报告，因此与自己解除劳动合同不合法。老曹申请劳动仲裁，因单位已经支付了经济补偿，老曹主张用人单位支付违法解除劳动合同的赔偿金差额。

案例评析：

在劳动纠纷中，证明责任的划分是非常重要的。为证明公司系经济性裁员，老曹在开庭时向法庭提交了与经理两次谈话的录音。老曹准备证据时，可能没有意识到这两段录音中含有公司负有举证责任的内容，即是否就变更劳动合同与劳动者进行了协商。经理提出可以把老曹安置到其他公司，即使老曹认为大幅降薪损害了他的利益，公司的做法没有协商的诚意，但无法否认双方就安置问题进行了协商，公司就继续履行劳动合同给出了方案。公司应证明解除劳动合同的合法性，例如，符合法定事实以及履行了法定程序。开庭时公司并没有提交双方已进行协商的证据，但当公司的代理人拿到这两份录音的文字稿时，意识到公司已经与劳动者进行过协商，于是在质证时指出了这一点。公司在仲裁开庭时确实不再经营，业务已经移交给其他公司，公司也没有员工，只是因存在劳动争议而未予以注销。仲裁庭认定公司解除劳动合同合法，驳回了老曹的仲裁请求。本案中，老曹如果没有提交这两份录音，而公司没有证据证明进行了协商，案件可能就会是完全相反的结果。

常见套路或误区：

常有劳动者在提交证据时不知道该提交什么证据，缺少相关的经验，全凭感觉，这样容易遗漏重要证据或者自己提交的证据被对方利用。有的劳动者提交的证据比较杂乱，没有进行归类，很多证据跟自己的主张并没有太大关系。证据材料过多会分散庭审焦点，降低庭审效率。

应对建议：

有效地组织和筛选证据，可以起到事半功倍的效果。

收集证据应力求全面，但这并不意味着收集到的所有证据都要提交，要对证据进行筛选。委托律师代理案件的，应尽可能全面地向律师提供证据材料。

对证据进行分类，可分为对己有利的证据、对己不利的证据、混杂的证据。对己有利的证据要进一步整理，对己不利的证据可以用来预测对方证据和策略。在向律师提供证据材料时，对己不利的也要提供，这有利于律师全面了解案情。有的证据部分对己方有利、部分对己方不利，为保持证据的真实完整性，不要进行分割，常见的如录音，或者在回复对方邮件时引用了对方邮件内容。这类证据是否要提交就要综合考量、权衡利弊。先要确定证据中哪些方面对自己有利，哪些方面对自己不利，如对自己有利的方面对案件有关键性影响，则应考虑提交。如证据对自己不利的影响更大，则不建议提交或者在仲裁阶段暂不提交。本案中，如果老曹在提交录音证据前筛选一下，并且了解《劳动合同法》第40条第3项和第41条的内容，就不会提交了。

组织证据应当有内在的逻辑。通常以证据目录的方式组织证据，为了使证据清晰明了，证据目录可采用表格的形式分组列明；如材料不多，也可以不分组。仲裁委员会或者法院在送达受理通知或应诉通知等材料时会一并发放证据目录的空白模板。

通常可按以下方式组织证据：（1）按时间顺序或者事情发展的顺序；（2）按照争议焦点，把证明同一焦点问题的证据归为一组；（3）按照法律构成要件来组织证据。三种方式可以交叉使用：如证据按照争议焦点顺序进行排列，争议焦点顺序通常是仲裁或诉讼请求的顺序，具体到每个焦点问题，可按照该焦点问题的法律构成要件进行排列，对于证明某项具体构成要件的证据，可按照时间或者证据类型等进行排列。

以客观情况发生重大变化为由解除劳动合同的情况为例，对于用人单位一方，可以按下列顺序组织证据：（1）存在导致劳动合同无法继续履行的客观情况变化；（2）用人单位就变更劳动合同与劳动者进行了协商。对于劳动者一方，在收集证据时需要了解客观情况是否发生了重大变化、发生了何种变化，这种变化是否重大到足以影响劳动合同继续履行，然后有针对性地组织反证，即这种变化不足以导致劳动合同无法继续履行。如果用人单位以组织结构变化、岗位取消为由解除劳动关系，劳动者如能找到用人单位公开招聘同类岗位的证据，则可以有效地反驳用人单位的主张。对于用人单位变更劳动合同是否进行了协商，劳动者不需要举证，但劳动者需要了解用人单位如何提供协商证据，看是否有必要提供反证。

制作证据目录时，要写明证明目的，指出该证据或者该组证据中的哪些内容可以证明什么事实。